UNE REINE DE THÉATRE

SOUVENIRS

DE JEUNESSE, DE THÉATRE ET DE COUR

A LA MÊME LIBRAIRIE

OUVRAGES DU MÊME AUTEUR

La France Révolutionnaire (1789-1889). Ouvrage illustré de plus de 250 gravures d'après les meilleurs dessinateurs des XVIIIe et XIXe siècles, 1 superbe volume in-8 jésus de 750 p. Broché . . . . 10 »

La Révolution de Thermidor. Robespierre et le Comité de Salut public, d'après les sources originales et les documents inédits (Ouvrage couronné par l'Académie française), 2e édit., revue et corrigée, 1 vol. in-12. 4 »

Aventures de deux Parisiennes pendant la Terreur, 2e édit., 1 vol. in-12 . . . . 3 »

Les Cousins de Normandie, roman pastoral du temps de la Terreur. Nouvelle édition, 1 vol. in-12. . . . . 3 »

En 1792 **Les Amours de Lord Saint-Albans**, 2 vol. in-12 . . . . 6 »

I. — **Le premier Amour de Lord Saint-Albans**, 1 vol. . . . . 3 »

II. — **Le dernier Amour de Lord Saint-Albans**, 1 vol. . . . . 3 »

Les Bourgeois de 93. La fille de Notre-Dame, 2e édit., 1 vol. in-12 . . . . 3 »

Les Noces d'un Jacobin, 1 vol. in-12 . . . . . . 3 »

Les Mémoires de mon oncle (1787-1794). Un paysan de l'Ancien Régime. Un bachelier de Sorbonne. Nouvelle édition, revue et augmentée, 1 vol. in-12. . . . 3 »

Rose de Noël, 1 vol. in-12. . . . . 3 »

Le Secret des Valrège, 1 vol. in-12 . . . . 3.50

Thermidor, 2 vol. in-12 . . . . 6 »

I. — **Paris en 1794**, 1 vol.. . . . . 3 »

II. — **Marie-Thérèse et Dame Rose**, 1 vol. . . . 3 »

La Fiancée de La Fontenelle, 1 vol. in-12.. . . . 3.50

Fou d'Amour, 1 vol. in-12. . . . . 3.50

Le Roman d'un Propriétaire, 1 vol. in-12 . . . . 3.50

UNE

REINE DE THÉATRE

SOUVENIRS

DE JEUNESSE, DE THÉATRE ET DE COUR

PAR

Ch. D'HÉRICAULT

PARIS

LIBRAIRIE ACADÉMIQUE DIDIER

PERRIN ET Cie, LIBRAIRES-ÉDITEURS

35, QUAI DES GRANDS-AUGUSTINS, 35

1891

A M. VICTORIEN SARDOU

J'ai hésité à publier les souvenirs de Mlle de Basoa. Le Théâtre-Italien, où elle débute, n'est pas « l'asyle de toutes les vertus ». Elle l'indique, avec l'extravagante franchise qui est un de ses attraits.

J'ai passé outre à cette hésitation. J'ai eu pour cela, deux excuses, l'une médiocre, l'autre bonne, et plusieurs raisons excellentes.

Mlle de Basoa possède un instinct singulier et enraciné de l'honneur ; elle fait respecter sa personne par une langue très aiguisée et un couteau très pointu. Il n'y a dans ses Souvenirs aucun mot, aucune image, aucune théorie qui puisse blesser les honnêtes gens. Elle prend toutefois le soin d'avertir les mères prudentes que ces Souvenirs ne sont pas faits pour les jeunes filles ; et cela prouve en sa faveur.

Cette autobiographie d'une femme originale, énigmatique, fort en mouvement, remuant tout, la comédie comme le drame, utilisant tout, l'esprit le plus souvent, et je l'ai dit, parfois le poignard, cette autobiographie m'a paru avoir l'intérêt d'un roman, bizarre peut-être mais agréable.

Cette dernière excuse est, je le sais, de peu de valeur. Il n'y a pas d'obligation à publier un roman même agréable. La précédente excuse était meilleure ; et les raisons que je vais présenter sont fort bonnes. Je le répète parce que la vérité est utile à redire.

Il y a d'abord le droit de l'histoire, qui est considérable : puis le droit de la morale sociale qui prime tout.

Mlle de Basoa a sur la fin de l'Ancien Régime, sur la Révolution particulièrement, des lumières qui éclairent bien des dessous. Elle possède des notions, qui sont incomplètes chez les autres chroniqueurs ; elle peint les personnages que les contemporains s'étaient contentés d'esquisser. Elle dévoile les secrets des incidents, elle nous fait vivre, elle nous force à vivre avec elle dans une partie jusqu'ici peu connue de la société du XVIIIe *siècle. Personne n'a résumé comme elle l'histoire du théâtre pendant les quelques années qui précédèrent 1789. Personne n'a hanté comme elle les grands seigneurs des coulisses. Comment oublier la Reine quand on l'aura rencontrée dans le récit de Stella ! Quelles révélations inattendues dans ce qu'elle nous raconte des derniers incidents de la vie de Louis XVI et de Marie-Antoinette !*

Mais je vais me laisser entraîner à l'enthousiasme, bien naturel d'ailleurs, en ma position, pour Mlle de Basoa ! On me permettra d'ajouter que ces Souvenirs ont une qualité historique de la plus grande singularité : Ils offrent un spécimen, peut-être unique, de la langue, telle que l'esprit français la parla un moment, pendant le règne intellectuel de Saint-Simon et du maréchal de Richelieu.

Si je ne craignais de me laisser emporter de nouveau par l'enthousiasme, je m'étendrais sur cette trouvaille et sur les grâces pimpantes, les élégantes manières, la haute couleur de ce style.

Si tous ces arguments ne suffisent pas pour expliquer aux gens austères comment un écrivain austère a publié les mémoires d'une actrice, j'ajouterai que j'ai eu une raison austère : Il m'a paru utile de montrer à mes contemporains cette élève de l'éducation philosophique. Comment de si bas arriva-t-elle si haut? J'en laisse la surprise aux lecteurs.

Dans sa course vers ces hauteurs, elle n'a pas toujours rencontré vos amis, monsieur, ou plutôt elle ne les a pas vus avec la sympathie que vous leur accordez. Elle exècre tous ceux que vous détestez ; elle n'aime pas tous ceux que vous aimez. Vous me pardonneriez de prendre son parti contre vous. Mais elle est belle et fière, originale, vaillante et loyale, vous ne lui ferez pas trop de remontrances. Si elle ne vous écoute pas, (ce que, connaissant son naturel endiablé, je crains fort), si vous ne la convainquez pas (ce que son indocile orgueil me porte à croire), vous êtes indulgent, vous lui sourirez encore, et peut-être daignerez-vous lui trouver les traits de quelqu'une de vos filles.

En désirant mettre votre nom, monsieur, en tête de ce livre, je n'ai pas, vous le voyez, pensé à vos opinions historiques. Je n'ai pas non plus songé à votre talent, j'efface même le puissant adjectif dont je voulais le qualifier. J'ai pensé à ce qui est, en vous, supérieur à ce talent même : j'ai vu uniquement cette vigueur morale qui vous fait harceler par les grotesques, abandonner par les lâches et détester, j'allais dire par les tyrans, mais le mot est bien gros pour les meneurs d'une bande qui n'a pas compris la Haine *et qui se venge sur* Thermidor *des soufflets que* Rabagas *lui a donnés.*

CH. DE RICAULT D'HÉRICAULT.

Paris, février 1891.

AVERTISSEMENT DE STELLA

Stella de Basoa qui fut si célèbre à la Cour et à la Ville, entre les années 1787 et 1790, et Fani Roseval qui fit les dix-sept merveilles pendant la Révolution et jusqu'en l'année 1795 où nous sommes, cette Stella et cette Fani, c'est moi-même, en unique et folle personne. J'ai 23 ans; l'on voit que j'ai déjà fait bien des rôles et néanmoins tout en étant la plus connue des comédiennes, je suis la plus inconnue des mortelles.

Voilà que je parle comme l'énigme du Mercure. C'est que, en effet, je suis tout ennuagée de mystères. On va même croire qu'il s'agit de mystères galants, et je veux bien gager qu'en voyant le nom de Stella en tête de ces Souvenirs, les honnêtes gens vont s'enfuir vitement comme chat sur braise, et qu'il ne restera plus que les indécents et les maroufles. Je puis jurer aux uns et aux autres qu'ils auraient tort: les honnêtes gens n'ont rien à craindre céans. Toutefois l'on peut renvoyer à leur clavecin les jeunes filles, et les jeunes gens à leur balivernage de latin, parce que je parlerai d'abord d'une espèce de monde dont il n'est point utile qu'ils connaissent l'existence.

Le reste des mortels peut m'écouter. Je dirai des choses inconnues jusqu'ici, cela je puis le jurer. Je parlerai quelquefois de vilaines gens. Mais je n'en dirai pas plus que ce que, communément dans la bonne compagnie, on dit des filles de la comédie et du monde des courtisans ; et ce que je raconterai sera vrai.

J'espère que les honnêtes gens n'ont plus envie de prendre la clef des champs, et je m'en vais découvrir le pot aux roses.

La vérité est que j'ai toujours été passionnée pour la vertu, mais je n'ai eu le loisir de la bien connaître qu'à l'âge de 21 ans, n'ayant eu la chance d'en entendre parler qu'à cette époque-là ; et encore fallut-il beaucoup de choses extraordinaires, parmi lesquelles un cocher de fiacre, qui se trouva être un capitaine de dragons et un capucin, joua un grand rôle. Cela fut le 16 octobre 1793, le propre jour de l'assassinat de la reine, à deux pas de la charrette qui la menait à la guillotine.

Je ne suis pas en posture d'écrire, bride en main, comme M. Thomas, que Mme Necker a toujours cru être le seul grand écrivain que la France ait possédé. Non, non ; j'ai appris la langue Française, non seulement dans la *Grammaire des Dames*, de M. de Prunay, mais tout enfant, à côté du marquis de Sanghehem qui recevait les Beaux Esprits, et de la duchesse de Valentinois qui recevait toute la Cour. J'écrirai comme je parle, à la franquette ; comme parlaient les grands seigneurs et les hommes à talents de la fin du règne de Louis XV. J'ai toujours eu du goût pour ce langage qui le porte haut, qui est au plus leste, qui sait tourner joliment les riens et ne s'alambique pas comme ce style pesant, qui paraît vouloir toujours prêcher ou plaider, et qui fait expirer les gens de sommeil. Ce vilain langage tortillé des jacobins, des orateurs révolutionnaires, des journalistes républicains, me fait horreur.

Il faut donc me laisser bavarder, à bride abattue. Je ne me suis jamais gênée pour qui que ce soit. Je n'ai pas été intimidée devant le roi et la reine de France. J'ai affronté la Terreur tout entière, et suis la seule qui ai courtisé Marie-Antoinette allant à l'échafaud.

J'ai fait la nique à Fouquier, et j'ai été me moquer de Saint-Just, le goîtreux, chez lui. Ce n'est pas pour m'inquiéter des sottes espèces qui se croiront le droit de me critiquer parce que j'ai daigné causer devant eux; comme j'ai bavardé devant Mirabeau, Rivarol, Champfort, M. le duc de Lauzun, Champcenetz, Marchand, et tant d'autres, dont quelques-uns étaient de vilaines gens, mais dont aucun ne fut un sot.

Mais pourquoi écrire ces Souvenirs? D'abord parce que cela me plaît et voilà une raison. Ensuite je n'ai rien autre chose à faire et voilà encore une raison. Puis j'ai été en posture d'observer bien des choses que peu de mortels ont pu voir, et singulièrement j'ai été élevée comme le XVIIIe siècle seul a pu prétendre à élever les femmes.

Il y a une autre raison qui m'est propre.

Je ne désire pas que l'être qui doit m'aimer, Léandre, mon sylphe, celui que je n'ai jamais vu et qui viendra, achète chat en poche. Je sais qu'il doit me mépriser, et comment en serait-il autrement, ayant la réputation que j'ai ! Je veux aller à confesse à lui et c'est pour lui surtout que je raconte mes aventures, d'où il connaîtra que

Stella est exactement, je dis très exactement, le contraire de ce qu'ont cru et proclamé tous les caustiques et persifleurs, les geais panachés de la Cour, les fripiers de nouvelles, les furets d'antichambres, le peuple idiot des cafés ; en un mot, toute la terre. Tout ce monde-là avait raison et tout ce monde-là avait tort. Comment cela se peut-il faire? C'est un des mystères de ma vie.

Il y en a bien d'autres, et c'est pourquoi je désire de la dévoiler à mon fiancé inconnu, afin qu'en m'aimant il voie bien qu'il n'est pas mauvais marchand de l'affaire.

Il faut que je dise le tout d'un même coup. Je suis une *sauvage*, une Iroquoise, une Huronne, un monstre du XVIIIe siècle. Comment se fait-il qu'il y ait pu avoir une *sauvage* sur les théâtres du XVIIIe siècle, un monstre dans un boudoir de Paris, et qu'on ait pu élever une Huronne dans la rue Sainte-Anne ? Je l'expliquerai plus tard.

J'étais une très jolie bête, d'une grâce irrésistible, très soyeuse à la main, haute comme les nues, fière comme la reine, maligne comme un démon, avec des griffes mortelles : comprenant subtilement tout ce qui se passait sur terre, mais d'une ignorance intacte — je crois qu'on peut dire cela — d'une ignorance intacte sur tout ce qui se passe au-dessus.

C'est donc la confession d'une sauvage recouverte d'un brillant vernis de civilisation qu'on va avoir ; d'une sauvage fort bavarde, au moins, qui n'a jamais hésité à dire tout ce qui lui passe par l'esprit, comme à faire tout ce qui lui passe par la tête.

Encore une fois, je n'ai su jamais ce que c'est qu'avoir peur ; je n'ai jamais craint quoi ou qui que ce soit. C'est une justice que tout Paris m'a rendue, et on a assez parlé de ma réponse au duc de Fronsac, qui, premier Gentilhomme de la Chambre, était le directeur absolu des théâtres et qui exigeait qu'en lui parlant nous lui donnions du Monseigneur. Il m'avait fait je ne sais quelle observation injuste, je m'inclinai avec une révérence respectueuse et lui dis tranquillement : — « Monseigneur, vous en avez menti. » Je ne comprends pas comment l'on ne m'envoya pas passer trois mois à la Force, mais je ne devais y aller qu'après en avoir fait pis à Saint-Just.

Je sais bien que ce mot, Rosalie, qui était avec moi à la Comédie-Italienne et qui y est restée —

c'est aujourd'hui l'Opéra comique national — ce mot, elle a prétendu l'avoir dit. Mais la Cour et la Ville ont su qu'il est de moi.

Voilà que ces bavarderies commencent à courir les champs. De vrai, je ferai parfois l'école buissonnière. On peut se rassurer, je reviens toujours à mes moutons. Seulement, il faudra que mes lecteurs prêtent quelque attention. Mais je n'écris point pour des sots, et s'il y en a qui mettent le nez céans, je les avertis doucement qu'ils feront mieux d'aller lire *le Courrier républicain*.

UNE REINE DE THÉATRE

SOUVENIRS

DE JEUNESSE, DE THÉATRE ET DE COUR

I

De 1772 à 1778.

Il ne faut pas me demander grand'chose sur ma naissance, pour la raison que je n'en sais pas grand'chose, et voilà qui me dispense d'en dire beaucoup. Je suppose que je suis née sur la frontière d'Espagne, dans le pays des Basques. Je sais que je vins au monde en plein air, au milieu des coups de fusils, dont l'un tua ma mère.

Mes premiers souvenirs me montrent des montagnes où il faisait très froid, puis très chaud. Je vois une chèvre, qui était ma nourrice, de grands feux allumés dans des rochers, de pauvres cabanes ; j'entends de grands cris de colère, des chansons, encore et toujours des coups de fusils; je vois des danses, de grands couteaux, du sang qui coule. On m'emporte en courant et souvent on me laisse dans des trous bien cachés, sans autre compagnie que ma chèvre et une vieille femme hérissée, qui avait, elle aussi, un grand couteau, des yeux flamboyants ; et je n'ai jamais vu, en hiver, un buisson d'épines noires sans me représenter immédiatement ma vieille gardienne. Elle avait beaucoup de tendresse et de respect pour moi ; et, quoique je fusse tout enfant, je sentais bien que j'étais une petite reine pour tous ceux qui m'approchaient.

C'est que c'était bien cela. Mon père était le chef d'une petite tribu de Bohémiens, alliés, depuis des milliers d'années, aux Escualdunac, et c'est ainsi qu'il nommait les Basques. Il vivait de contrebande. Je n'ai jamais couché huit jours de suite sous un toit, pour la raison qu'il n'en avait pas. Toutefois, il était haut comme les nues. Tous les princes de l'univers étaient, à son compte, des laquais parvenus, sans plus ; prétendant, comme il me le dit plus tard couramment, que ses ancêtres et les miens étaient des chefs quand les ancêtres de ces rois étaient de purs esclaves. Pour lui, Charlemagne était un plat-pied qui avait été fort aise de graisser la patte à notre ancêtre pour obtenir passage à travers les Pyrénées. César était une petite espèce bien retorde, qui avait été abondamment gratieusé de vivres par un autre de nos ancêtres, lequel s'était mal trouvé de la coquinerie de ce brigand romain. Nous avions traité assez dédaigneusement les Hercules grecs. Pour nous, les Cantabres étaient des nouveaux venus, et c'est nous qui avions protégé, bien avant l'existence des Gaulois, l'établissement des Ibères, dont l'origine pourtant, à ce que dit M. Thomas, se perd dans la nuit des temps.

Je fus donc bercée, jusqu'à l'âge de 6 ans, avec ces récits où il y avait les noms les plus effrayants ; et il y avait, dans ces souvenirs, de quoi faire la princesse.

Il faut qu'on le sache, pour comprendre comment j'ai pu résister à l'éducation que je vais dire bientôt : c'est la fierté qui m'a sauvée, et une fierté tout à fait hors de pair, n'y ayant pas beaucoup de personnes au monde en posture de traiter César de galopin et de regarder Hercule comme un pouilleux venant demander l'hospitalité. D'ailleurs, mon père, considérant que ces petits intriguants de rois de France lui avaient pris de son bien, croyait tout bonnement retrouver sa bourse quand il pillait les caisses publiques, faisait la contrebande et exterminait quelques douaniers. Pour moi, outre beaucoup d'orgueil et d'amour pour les couteaux, les fusils, les pistolets, le sang versé, je gagnai à cette vie-là de n'être pas exposée à être mangée de vapeurs.

Il faut savoir encore que j'ai sur le haut de l'épaule droite quinze petits points bleus qui sont des piqûres qu'on m'a faites quand je vins au monde, de façon à représenter une bête extraordinaire et qui n'existe pas. C'est le signe par où on reconnaît que je suis la descendante de tous ces gens que j'ai dit ; et, à proprement parler, ce sont mes parchemins que je porte sur mon dos. Il n'en est pas moins vrai que je dois à cette bête bleue bien des aventures et des secours.

Quand j'eus quatre ans, je quittai ces montagnes, ma chèvre, mon buisson d'épines et l'agréable distribution quotidienne des coups de couteaux. C'est l'amour qui fit ce beau coup.

Mon père s'en revint un jour de Bayonne avec une nouvelle épouse. C'était une des plus belles filles blondes que j'eusse vues. Elle était la fille d'un huissier de Valognes, qui est du pays de Sapience, et elle était de la mauvaise sorte de ce pays-là. Très avisée, retorde, elle n'avait de préjugés sur rien, avec cela douce comme un pigeon, disant oui à tout ce qu'on voulait. Point sotte et ayant reçu, il n'importe comment, un grand fonds d'instruction, elle avait échoué, après beaucoup d'aventures qui avaient commencé fort tôt, dans une troupe de comédiens ambulants où elle jouait les Reines, en assassinant d'œillades tout homme qui était un peu sur son propre.

Mon père, qui était fort beau, avait une sorte de grand air sauvage avec son costume basque. On le nommait Pierre de Basoa. Basoa était notre nom, et, bien que nous ne fussions pas baptisés, il nous fallait prendre un nom de saint, quand nous descendions dans les villes pour le plaisir, la vengeance ou le commerce. Par ainsi mon nom est Stella de Basoa, du moins c'est le nom que le bailly de Mauléon mit sur mon passeport quand il me fallut quitter la montagne. Cela vaut à dire Estelle de la Forèt.

Mon père n'avait rien vu de si blond, de si dodu, de si maniéré, de si coquet, de si distingué que cette Phèdre de Normandie. Il lui offrit de l'épouser, car on ne connaissait point parmi nous d'autre procédé pour montrer qu'on aimait les gens que de parler épousailles. Gertrude Porchet, à qui on n'avait pas encore fait un pareil compliment, ne perdit pas de temps à détailler des fleurettes et s'empressa à jurer toutes les vertus matronales. Elle faillit faire la grimace quand elle apprit que, selon notre usage, toute la solennité consistait, entre les deux futurs époux, à casser un morceau de cruche. Mais elle n'avait, comme j'ai dit, pas de préjugés. Elle pensa qu'elle ferait un agréable voyage dans un pays inconnu, chez des peuples sauvages, en compagnie d'un beau garçon, qui paraissait avoir quelques écus, sous le nom de Madame de Basoa, qui sonnait bien ; après cela on verrait, étant inutile de se dragonner l'imagination, et d'expirer d'angoisse avant le temps.

Il en tourna un peu autrement. Nous étions plus sévères sur les mésalliances même que les rois et que les plus grands seigneurs d'Espagne et d'Allemagne, — car en France et en Angleterre on n'y regardait pas de si près. — Il nous était interdit d'épouser des gens qui ne fussent pas de notre nation, et par exception des filles basques, à cause des relations qu'il y avait avec ces Cantabres, depuis des milliers d'années.

Mon père, déchu de son rang, conspué, comme excommunié par ce mariage, fut obligé de quitter les Pyrénées. Moi, je n'avais rien perdu et j'étais toujours pour ces Bohémiens une reine et pour les Basques la petite-fille d'un de leurs illustres chefs. Mais je devais suivre mon père.

Nous vînmes à Paris. J'avais un peu plus de quatre ans. J'en voulais fort à ma belle-mère, d'abord parce que je suis naturellement disposée à la méchanceté, à en vouloir à quelqu'un et à me venger, ensuite parce qu'elle me forçait à quitter mes grottes, ma chèvre, mes coups de couteaux. Enfin, mon buisson d'épines exécrait cette étrangère qui était venue mettre le trouble parmi nous et lui enlever son petit tyran ; car, malgré son couteau et ses regards féroces, j'étais cela pour elle.

Au bout de quelques mois de la vie parisienne, Gertrude Porchet disparut ; et nous voici dans une mansarde, qui devait être dans les environs de Montmartre. Je m'y plaisais beaucoup parce qu'il n'y faisait pas noir comme à Paris, et qu'elle était très haut, et qu'on voyait, de là, le ciel, des arbres et la campagne.

Il n'est pas besoin que je dise ni les pensées ni les aventures d'une fillette sauvage, habituée à courir les montagnes, à voir tout le monde la gratieuser, à considérer comme étant à elle tout ce qu'elle voyait ; et qui se trouve à Paris, vivant en haut d'une échelle, et pauvre, rudoyée et pourchassée comme un chien qu'on croit enragé. Mais la finette était fière et ouvrant bien ses petits yeux, et cela évita bien des choses.

Pour mon père, il était tombé malade, et il s'en releva avec un soupçon de folie, car je ne puis expliquer autrement sa conduite depuis lors ; non pas d'une folie à lier, mais d'un homme qui obéit à des imaginations qui ne sont plus droites, et assez tortillées pour qu'un enfant ne puisse les comprendre. Ainsi, comment n'alla-t-il pas tuer son épouse qui l'abandonnait et ceux qui l'avaient séduite — c'est un bien gros mot pour Gertrude Porchet ! — Comment resta-t-il à Paris, et pourquoi le quitta-t-il comme je dirai ? Il y a là plus que je n'en sais ou puis deviner ! Est-ce l'amour qui le guidait, le regret, l'espérance? Il y eut de tout cela, mais brouillé par les ravauderies d'un cerveau affaibli et qui, prenant ses espoirs pour des choses possibles, suivait la première idée venue sans voir que ce n'était pas la plus sage et qu'elle n'aboutissait pas où il croyait.

Pendant cette maladie de mon père, qui fut soigné je ne sais comment, j'eus mon troisième ami, après ma chèvre et ma bohémienne buissonnière, et ce fut un bossu. J'avais, comme on voit, la main heureuse, et c'était un beau cabinet d'amis que je me formais là.

Mais celui-ci était le meilleur des bossus et même le meilleur des hommes, et ce fut le seul mortel avec une bosse que j'aie jamais vu n'être pas à pendre. Lui, il avait de la bonté, de la délicatesse, du dévouement de quoi confondre la malice fanfaronne de cinq cents de ses pareils. Il était notre voisin dans notre grenier, et c'est lui qui soigna mon père avec les soins et la douceur d'une fille. Il était très pauvre, très pieux, tout jeune encore et toujours seul. Il était absent une partie de la journée. Le reste du temps, il lisait et écrivait. Que faisait-il? je n'en sus rien.

C'est à lui que j'ai vu faire pour la première fois un signe qui me parut curieux. J'appris plus tard que c'était le signe de la Croix. Ce signe resta quelque temps dans mon esprit comme un geste que j'aimais parce qu'il était en compagnie de la bonne figure, des yeux malins et doux et des gestes paisibles, adroits et modestes de mon ami le bossu. Il se nommait Guidon Daine.

Comme je riais de ces noms et que je lui demandais ce que cela voulait dire, il me répondit, après m'avoir regardée avec admiration, beaucoup de paroles que je ne compris pas et que pour cela je retins, les ayant repassées souvent et pendant longtemps dans mon esprit, afin d'en connaître le sens quand je serais grande. Mais pourquoi ces mots, au fait et au prendre, fort insignifiants, me frappèrent-ils ? C'est qu'il m'avait regardée avec admiration en me les disant : « — Voilà une petite fille plus intelligente que tout le reste de l'univers. Elle comprend, elle, qu'un nom signifie quelque chose. Mon petit cœur, Guidon est le nom d'un saint qui était un bedeau. C'est pourquoi je suis un homme d'église et je veux devenir savant. Guidon veut dire aussi *qui guide*, c'est pourquoi je crains fort de devenir une *mouche* à la fin de mes jours. Enfin Guidon Daine, cela sonne comme un refrain de chansons, et aussi ne puis-je entendre jouer du violon sans avoir une envie extrême de chanter Bacchus et Thémire, malgré ma qualité d'homme d'église. Mais je tiens mon fier, car je suis un jeune homme vertueux. »

Je ne savais ce que c'était qu'un bedeau, un saint, un homme d'église, un savant, une mouche, ou le reste. Mais je n'interrogeai pas plus loin. Mon père m'avait enseigné que tous les gens de Paris étaient nos ennemis et qu'il ne fallait leur demander ni service ni renseignements, pour ne pas s'humilier ni passer pour ignorants en face de ses ennemis.

Mon père se guérit, je dis le corps, et non pas tout à fait, car sa beauté et sa jeunesse avaient fait le plongeon. Pour l'esprit, je répète qu'il était tourné en bizarrerie et qu'il n'était plus à gouverner. Mon père, qui avait toujours été magnifique et d'une générosité de prince, comme il lui convenait, devint plus que ménager, et c'était pour cela qu'il avait grimpé jusqu'en cette mansarde. C'est que, en effet, l'argent qu'il avait apporté et dépensé sans ménagement pour plaire à Gertrude Porchet avait fait le saut et nous étions fort peu étoffés. Il ne savait que faire, n'ayant pas appris de métiers que de commander, de se battre et de tuer, ne sachant pas lire et parlant mieux le bohémien, le basque, l'espagnol que la langue française. Aussi commença-t-il par ne rien faire, que nous mettre en guenilles et nous faire quasiment mourir de faim pour économiser ce qui restait d'argent. On eût dit qu'il se fût cru dans la montagne pris par la neige et ménageant ses provisions, n'y ayant pas moyen d'en avoir d'autres jusqu'à la fonte des neiges. Toutefois, c'est le temps où je fus encore heureuse, et le dernier.

Nous étions en été et nous passions notre vie à courir les champs, les bois dans les environs de Paris, partant de grand matin et revenant à la nuit, très sombres et sauvages aussi longtemps que nous traversions les bourgs et les villages, et joyeux comme de jeunes chiens quand nous étions dans les endroits peu habités. Comme nous avions un passeport bien en règle et que nous ne prenions rien et payions tout, il ne nous arrivait jamais rien malgré notre mauvaise mine qui était bien séante pour faire hurler les chiens et le tocsin. Mon père se tenait avec une gravité espagnole et, quoiqu'il fût vieilli, enlaidi et un peu alourdi, il ne ressemblait pas au marchand du coin. Il avait encore de l'imposant, en même temps que l'air féroce parfois, et toujours quand il rencontrait un prêtre ou passait devant une église.

Le prêtre, c'était sa bête, et l'église lui faisait grincer les dents. Il m'avait dit que c'étaient ces gens-là qui avaient aidé les Romains et les Gaulois pour vaincre tous les peuples de l'Escualdunac aussi bien les Tourdetans que les Cantabres, les Caristes et les Verdales que les Autrigons. Que de fois j'ai entendu chanter les exploits de toutes ces peuplades, car c'est pendant ces courses que Jules César et Charlemagne étaient de bien petits compagnons et que les Ibères se montraient dans toute leur gloire. C'étaient donc les chrétiens avec leurs prêtres et leurs églises qui avaient achevé la déroute de l'Empire Basque et le triomphe des Celtes. En surplus, les Bohémiens ne pouvaient pas oublier qu'ils descendent de Caïn et que cet ancêtre a été traité avec peu de ménagement par quelqu'un qui se nommait Dieu.

C'est la première fois que j'entendis parler de Dieu et ce fut la dernière. C'était pour moi un personnage très vieux, maudit, exécrable, qui était l'ennemi particulier de ma race et qui avait pour alliés ces êtres abominables qu'on nommait des prêtres et pour citadelles ces monuments qu'on appelait églises.

Je n'eus jamais d'autre renseignement religieux. D'âme, de vie future, de prière, il n'en fut jamais question. Jamais je n'y pensais, ayant été rabrouée et maltraitée quand je disais un mot qui, de près ou de loin, se rapportait à quelque chose de cela.

L'hiver arriva, et, avec lui, le fond de notre sacoche. Notre ami le bossu procura une place à mon père. Celui-ci était naturellement porté vers les beaux-arts, comme je le suis moi-même. Il était fort bien doué pour la musique et jouait de la flûte. Il s'en fut donc tous les soirs, par la protection de Guidon Daine, qui, pour un homme d'Église et vertueux, avait des connaissances falottes, jouer de la flûte aux Porcherons, jusqu'à ce qu'il sût jouer du violon, ce qui ne tarda pas.

Ce mot vertueux me ramène pour un instant à mon éducation. Je n'avais pas entendu traiter de vertu et de morale plus que de Dieu et de l'Enfer. Tout l'ensemble de mes instincts, comme de ma petite expérience et des leçons paternelles, m'avait amenée à croire que la fierté est toute la vertu et que, pourvu qu'on se sente au-dessus des autres et orgueilleuse, tout est dit et tout va bien, quoi qu'en pense l'univers entier.

C'est cette fierté que mon père entretenait avec soin, et il ne trouvait pas un champ difficile à cultiver. Mais il n'en perdait aucune occasion. Ainsi, il m'amenait le soir avec lui au bal des Porcherons, m'asseyait sur une haute chaise et il me persuadait d'y rester tranquille, parce que, me disait-il, tous les gens qui venaient là danser, le faisaient uniquement pour lui obéir et pour mon amusement particulier.

Dans la journée, il faisait quelques commissions.

Nous eûmes bien froid et bien faim, cet hiver-là, qui était celui de l'année 1777 ; et que de fois nous fûmes saucés en revenant des Porcherons, sans rien au logis pour nous restaurer que cette pluie, et pas une bûche, et nos habits mouillés pour couverture. Quand j'étais plus disposée à faire une moue longue d'une aune qu'à sauter pour me réchauffer, mon père me disait que j'étais une princesse et que je devais être fière et ne point maugréer comme une petite Parisienne; et je grelottais avec dignité et grignottais majestueusement mon pain sec, quand j'en avais.

J'ai bon souvenir qu'un jour, où il faisait bien froid et où il n'y avait qu'un très petit morceau de pain, il vint un homme apportant une grosse bourse où il y avait beaucoup de pièces d'or.

— Voyez-vous cela, Stella Basoa, me dit mon père ; il y a là de quoi acheter les plus belles et les meilleures choses du monde. Cela nous est envoyé par votre belle-mère. N'oubliez pas qu'il vaut mieux mourir que recevoir quoi que ce soit des gens qu'on méprise.

Il jeta les pièces d'or par la fenêtre, et je crois qu'il aurait fait passer le porteur par le même chemin. Après un moment d'hésitation, il se con tenta de le rouer de coups.

Je ne sais pourquoi aussi il voulut me faire apprendre à lire et à écrire. Je suppose qu'il avait déjà arrêté en son esprit qu'il ne m'amènerait plus jamais dans nos montagnes, et dès lors il voulait que je fusse chamarrée des affiquets de la civilisation. Ce fut mon bossu qui devint mon précepteur, à cette condition qu'il fut obligé de jurer solennellement que jamais il ne dirait un mot de religion, ni de Dieu, ni de l'autre monde, qui étaient, répétait mon père, des jeannoteries morales faites pour donner du jour à toutes les injustices de la civilisation.

Pourtant je dois dire que, à part l'affaiblissement de son esprit, il était resté un homme très juste, et c'est peut-être pour cela qu'il ne se vengea pas de Gertrude Porchet.

Celle-ci avait voulu être mariée comme tout le monde, religieusement, et lui avait dit candidement que, friande comme elle était et de nature peu résistante aux airs chiens des aigrefins et des mirliflores, elle aurait grand'peine à considérer une cruche cassée comme un sacrement authentique. Il avait résisté, avec horreur et raillerie contre Dieu et les prêtres. Plus tard, il se dit peut-être qu'un bon averti en vaut deux, et quel

Gertrude avait chopé là où elle avait franchement montré le trou, et que dès lors, elle était excusable.

Dame, je n'avais pas un goût prononcé pour la lecture, et mon ami le bossu couchait gros jeu de me la vouloir apprendre. Mais il était bon comme le pain et aussi malin que s'il eût battu la calabre dans les quatre parties du monde. Il avait noté que je riais comme une folle des grimaces qu'il faisait souvent sans le vouloir, et il inventa cette emmiellure de me promettre des grimaces encore plus risibles, chaque fois que j'épèlerais bien. J'avais aussi de l'amitié pour lui, et d'amitié en grimaces et à force de rire j'en vins à savoir lire et écrire. Le plus rude était fait. Dès lors, j'appris tout ce qu'on voulut, jusqu'à devenir une merveille, ainsi qu'on le verra.

Le printemps, puis l'été revinrent. Nous reprîmes nos promenades. Mais il était sûr que mon père avait un projet en tête.

Toutes ses idées tournaient autour de l'honneur. Il l'entendait d'une façon singulière et à la bohémienne. Cela consistait uniquement à être orgueilleuse, à ne céder à persone, à être libre, à mépriser tout l'univers et l'opinion générale, à ne se fier qu'à soi, à n'aimer personne que soi, à se défier de tout et à n'avoir aucune croyance ou préjugé. Il me racontait toujours les grandeurs de notre race au-dessus du monde entier, et les supplices qu'on faisait souffrir aux jeunes filles de notre tribu qui aimaient les hommes. Il revenait souvent là-dessus. Il me répétait cent fois les mêmes phrases, en m'ordonnant de les répéter chaque matin, afin de ne jamais les oublier.

Quand vint l'automne, il s'enferma, à plusieurs reprises, avec mon ami Guidon Daine. Il me remit un paquet cacheté qu'il m'ordonna d'ouvrir chaque année, à l'approche de l'hiver.

Un beau matin, en m'éveillant, je trouvai vide la chambre que nous habitions. Il y avait sur une chaise une lettre. Mon père avait fait écrire par mon bossu ces deux mots : « Je m'en vais. Il vaut mieux que je ne vous emmène pas. Je reviendrai plus tard. Votre belle-mère va venir vous chercher. Je veux que vous habitiez avec elle et que vous receviez une belle éducation. N'oubliez rien de ce que je vous ai dit. Soyez toujours fière, maîtresse de vous, méprisant tout le monde. Pensez à l'HONNEUR. »

Ma belle-mère vint en effet. Je la suivis. Je me suis souvent demandé pourquoi mon père m'avait abandonnée. Outre, comme je l'ai dit, qu'il était devenu un peu fou, il avait vu, sans doute, qu'il ne pouvait supporter la pensée de passer un nouvel hiver à Paris. Il savait bien que là-bas, après ses belles épousailles, il se trouverait un bien petit compagnon ; il craignait que l'on ne m'enlevât ou, si l'on me laissait à lui, que je ne fusse forcée de mendier. Sachant, en surplus, que Gertrude Porchet était sans plus de méchanceté qu'un tapis, il crut arranger les affaires au mieux en m'envoyant là, avec l'honneur pour garde-du-corps.

Tant est que la comtesse de Basoa — c'était ainsi que Gertrude Porchet était connue dans la bonne compagnie, — monta à mon grenier avec le ton de la prude la plus composée, et m'emmena sans résistance ni aucune larme de mon estoc. Mon bon ami le bossu s'en vint me remettre la lettre de mon père, avec le bon couteau qui était tout mon héritage. La comtesse de Basoa me les voulut prendre. Mais je la regardai d'un tel œil de férocité et de défi, en agitant ce couteau, qui était long comme mon bras, que la bonne princesse s'en tint là. Je suppose qu'elle commença, dès là, à comprendre qu'il ne fallait pas prétendre à faire de moi un petit chien tournebroche.

Guidon Daine, qui ne voulait pas pleurer, quoiqu'il en eût envie, riait du bout des dents comme saint Médard. Je lui dis, en l'embrassant, que je l'aimerais toujours. Le pauvre sire, quoique sa moue se fût allongée d'une aune, voulut me faire un cadeau et, n'ayant rien à me donner et voulant que je quittasse gaîment la maison, il fit une de ces grimaces moyennant quoi il m'avait appris à lire et a écrire. Mon petit cœur, tout fermé qu'il fût et en vrai cristal de roche, comprit combien cette grimace était touchante et, pour la première fois, je pleurai, mais ce fut pour un moment.

Je ne revis plus mon bossu. Je me sauvai plus de dix fois pour aller le visiter. Je fus toujours rattrapée, et enfin, sans l'oublier, non plus que ma chèvre et ma vieille buissonneuse, je perdis le grand désir de le voir. Pour lui, je suppose qu'il s'en vint souvent demander de mes nouvelles, mais on le rabroua ; peut-être le suisse fit-il jouer quelque peu sur son pauvre dos le Te Deon raboteux, et bien en prit à ce suisse que je ne le susse pas, sans quoi je l'eusse voulu tuer.

Tant est que me voici installée chez la comtesse de Basoa qui était proprement mon nom et un peu le sien, sauf cette comterie qui allait bien à l'épouse en goguette d'un joueur de violon des Porcherons ! Il est vrai que nous avions daigné être de pair à compagnon avec Charlemagne et donné un bon coup de main à Hercule, et cela valait bien les quelques clochers sur lesquels il était nécessaire d'avoir les droits de haute et moyenne justice pour être vraiment titré. Aussi, répondis-je un jour à Mme de Condorcet, que je méprisais comme femme abandonnée, et qui me demandait en persifflant où il serait possible qu'on pût trouver le comté de Basoa : — « Mais, madame, lui répondis-je paisiblement, cela comprend toute la France et l'Espagne. » Et l'on me prit pour une folle. Ce dont je me réjouis fort.

II

De 1778 à 1783.

J'ai oublié de dire que mon père m'avait enseigné des mots dont j'ignore le sens, des cris exprimés d'une façon étrange, en me disant que si ces cris ou ces paroles étaient entendus par quelqu'un de Bohême ou du pays Basque, il viendrait, sans aucun doute, se mettre à mes ordres et n'oserait désobéir. Au vrai, j'ai été bien souvent aidée, servie aveuglément, sans autre cause que ces mots du guet ou les signes marqués sur mon épaule. J'eusse dû dire également que, pendant nos courses de vagabonds, mon père me faisait chanter et danser; et il était content, assurant que je dansais comme une fée et chantais comme rossignolet.

Me voici donc à six ans, très fière, sauvage, indomptée, en volonté d'être indomptable, chantant et dansant à ravir, charitable, sanguinaire, pleine de mépris pour autrui et de confiance en moi, ne respectant pas autre chose que moi-même, décidée à mourir plutôt que de perdre l'honneur dont je ne savais que le mot que je conservais avec un soin farouche dans ma mémoire ; et avec un poignard pour toute fortune.

On va voir comme je tombais bien dans l'hôtel de la comtesse de Basoa.

Il n'est pas douteux qu'elle ne soit connue de beaucoup de ceux qui liront ceci. Sur la fin du règne de Louis XV, on a beaucoup parlé d'elle, tenant avec une galanterie décente un Bureau d'Esprit où se rendaient les ardents du parti philosophique, les patriarches comme les disciples.

Elle était protégée du Mis de Sanghehem, fort riche, très belle, fort maligne, bonne personne d'ailleurs, habile comédienne, ferrée sur l'intrigue, mais sans avarice ni vilaines trigauderies, galante, abandonnée comme pierre qui roule, mais avec un grand ton de décence. Elle s'était vite décrassée et l'on parlait de sa maison, de sa charité, de ses soupers, de sa philosophie, et, quand et quand, de ses réparties. Elle passait pour une grande dame étrangère. On n'appuyait pas sur le pays. Cela était loin, et l'on inclinait vers le Brésil.

Le Mis de Sanghehem était un homme de qualité, l'ami du prince de Conti, à la maison de qui il était attaché. On connaît ce prince débauché, de ci de là crapuleux, mais fort célèbre par sa continuelle opposition contre la Cour ; volontiers républicain, comme les jansénistes ; ayant le cerveau troublé par les philosophes qu'il protégeait et qui lui persuadaient que lui seul était digne d'être roi de France, et qu'il leur fallait un roi comme lui. Il était d'ailleurs grand-maître de la Franc-Maçonnerie dont il ouvrit les portes aux plus grands seigneurs et qui lui acheva de mettre la cervelle en guenilles. M. de Sanghehem était lui-même un des personnages considérables de cette société.

Nourri dans le sérail, j'en connais les détours,

oui, je connais quelques-uns des détours de ce sérail d'ambitieux et de gobemouches, les uns portant les autres. Car, enfant que j'étais, l'on ne se défiait pas de moi ni de mon esprit vif qui se cachait sous la gravité sauvage de ma tenue, et, comme le Mis de Sanghehem était un diable à quatre de cette pétaudière maçonnique, on en parlait toujours dans les recoins de l'hôtel. Je pourrais dire comme ils se jouèrent du grand maître qui succéda au prince de Conti, et qui fut ce pauvre benêt de Philippe-Égalité ; car quoiqu'on veuille dire, il fut plus dupé que méchant et je le sais.

M. de Sanghehem, donc, était un grand abatteur de bois dans la forêt des préjugés. Il avait une haine de loup enragé contre ce qu'on nommait, à l'hôtel Basoa, le fanatisme. Je dis de loup enragé, et ce n'est pas cela : ce gentilhomme réfléchi, souvent grave comme un magot de paravent chinois, très digne, froid et poli en toutes ses postures, semblait perdre le sens quand on parlait des jésuites et des dévots ; c'était comme un taureau dont on a piqué la culotte et à qui on a montré un lambeau d'étoffe rouge. Il était l'ami de MM. d'Alembert et Diderot, de

M. Helvétius, surtout. Il disait qu'il adorait l'égalité et qu'il méprisait les privilèges dont il était revêtu. Mais il ne les repoussait pas, voulant faire servir son immense fortune, la considération et le pouvoir que lui donnaient sa naissance, ses alliances, à mieux attaquer la monarchie, le clergé, la noblesse et, comme il disait, l'hypocrite pruderie des mœurs chrétiennes.

Il passait pour le plus honnête, le plus digne et le plus généreux des hommes. Tout tournait à bien pour lui; car les philosophes, menant l'opinion bride en main, interprétaient toute sa conduite au plus près du bien. On disait qu'il restaurait la dignité du mariage, parce qu'il avait abandonné son épouse sous ombre qu'elle était dévote; et la majesté du père de famille parce qu'il ne voyait pas le chevalier de Sanghehem, qui avait pris parti pour sa mère. On le félicitait du bel exemple qu'il donnait (je dis l'exemple de la liberté philosophique et du respect dû aux droits de la Nature), en transportant ses dieux lares à l'hôtel de Basoa. On le louait d'honorer l'humanité et de la vertu, parce qu'il offrait des soupers, des pensions, des louis, des écus ou des culottes à tous ceux qui le lui demandaient en maudissant les dévots : soupers ou culottes, s'entend, selon le nom et le talent de l'impétrant. Enfin on mettait sa générosité par-dessus les nues, parce qu'il avait laissé la moitié de sa fortune à la marquise. De fait, cette moitié était le propre bien de Mme de Sanghehem. Il n'eût pu la lui enlever sans scandale, ce qui l'eût mis au doigt et à l'œil de la Cour et de la Ville. Or, il voulait, par-dessus tout, rester dans la bonne compagnie

Je vois bien aujourd'hui que ce fut un singulier moment que ce temps où l'influence des philosophes, s'appuyant sur la puissance des jansénistes, sur les idées de débauche, de libertinage et d'opposition républicaine, entra dans la société française. Dans les instants où je réfléchis à ce temps-là et à ces monstres qui travaillèrent si savamment à la corruption de la petite Stella, je crois voir l'esprit philosophique et l'esprit français comme deux ruisseaux qui se rencontrent, l'un continuant son cours, l'autre voulant remonter ; et cela forme un tourbillonnement, un trouble, avec un grand bruit où chacun perd la tête et fait ce qu'il veut, en essayant toute nouveauté folle et monstrueuse.

Il en fut ainsi pour moi, et je fus la patiente sur qui l'on essaya un nouvel instrument de torture qu'on nomme l'éducation philosophique. Mais j'y viens.

M. de Sanghehem était donc ce qu'on appelait alors un philosophe vertueux, une de ces âmes tendres et sensibles que d'Alembert mettait continûment en opposition avec les âmes sèches et frivoles. Il avait donné à sa vertueuse amie, la comtesse de Basoa, — et c'est, on ne l'oublie pas, Gertrude Porchet, — ce bel hôtel qui se trouve derrière le jardin des Jacobins, à l'entrée du cul-de-sac Péronnelle, proche de la rue Neuve des Petits-Champs, à la rencontre des rues de la Sourdière et Neuve-Saint-Roch. Il en occupait un des pavillons.

C'est là que je vécus de l'an 1778 à l'an 1787 et voici comment : M. de Sanghehem avait composé — bien qu'il n'y mît pas son nom — un roman qui fit du bruit jadis et qui est intitulé

Imirce ou la Fille de la Nature. Il pensa qu'on ne rencontrerait jamais une occasion pareille à cette petite fille étrangère, abandonnée de tous, livrée par la femme même qui avait sur elle des droits maternels. Lui et ses amis voulurent essayer sur cette fillette les théories philosophiques qu'ils avaient ravaudées sur la nature, la société, l'éducation, les préjugés des habitudes religieuses. Ils pourraient ainsi observer, comme en un animal en cage, les sauts, ressauts, soubresauts de cet être réduit aux nobles et libres impulsions de la nature. Ils voulurent donc faire de Stella Basoa une Imirce, une Fille de la Nature, mais une Fille de la Nature civilisée. J'ai l'air de dire et d'inventer des pasquinades et de refaire Arlequin dans l'Ile des Lanternes. Mais tout cela est au plus vrai.

On me donna les maîtres les plus excellents en tout; et il fut ordonné qu'on laissât la nature guider mes idées et qu'on ne me parlât jamais de religion, de morale, de Dieu. J'ai dit, n'est-ce pas, que M. de Sanghehem faisait profession ouverte d'athéisme.

Cela, qui cadrait avec la haine que mon père avait pour les prêtres et les religions, me convenait fort bien. Car ce père, bien que je n'en eusse plus entendu parler, occupait toujours mon esprit, je ne dis pas mon cœur. Je repassais continûment tout ce qu'il m'avait enseigné, relisant la lettre que mon ami bossu avait écrite sous sa dictée, et qui était, comme je l'ai dit, une exhortation, troussée à la sauvage, de garder la fierté, l'orgueil, la liberté, le mépris des autres et de leur opinion. Par dessus tout, on s'en souvient, il m'était ordonné de conserver l'honneur.

Je ne comprenais pas tout ce que cela voulait dire. Mais peu à peu cela vint, du moins comme cela pouvait venir en une pareille société, avec une telle éducation et un esprit très vif, mais farouche, solitaire, s'éclairant comme il pouvait, sourdement et sournoisement, par la lecture, par des lambeaux de conversation, par une observation persévérante et pénétrante. L'on verra quel hochepot tout cela fit dans mon imagination comme dans ma volonté.

Tant est que me voici à 15 ans et que il n'y a

qu'un cri : je suis une merveille. Le Mis de Villette, bien qu'il ne passât pas pour un galant, mais qui était moins sot qu'il était à la mode de le dire pour se venger sur lui des ruades que son parent Voltaire avait lancées à droite et à gauche ; ce marquis donc disait de Stella de Basoa : « Elle est belle à ravir les vœux des mortels, pleine d'esprit et de mépris pour les usages et les préjugés, caustique, fière, colère, généreuse, sans cœur et sans peur. Ni Euterpe, ni Thalie, ni Terpsychore n'ont de secrets pour elle, et, si elle a un peu négligé Clio et Uranie, Melpomène et Erato lui ont souri, et elle ne fut pas indifférente aux conseils de Polymnie et de Calliope. »

Comprenne qui voudra. Je suppose que cela voulait dire que, à part faire concurrence au président Hénault et regarder la lune à travers les lunettes de l'Observatoire, je savais tout. C'est pour en mourir de rire. Mais il est vrai que j'avais tiré bon profit de ce qu'on m'avait appris ; qu'il n'était pas facile de m'en donner à garder et que j'étais haute comme les nues.

Quand j'eus 15 ans, le Mis de Sanghehem me

remit un contrat de rentes de mille écus et me dit qu'à partir de ce jour-là j'étais maîtresse de mes actions.

Je me servis du compliment pour ouvrir les yeux plus grands et aussi les oreilles.

A quelques mois de là, le marquis me vint voir cérémonieusement dans l'appartement qu'il m'avait fait joliment meubler en une partie séparée de l'hôtel. Il me fit beaucoup de politesses et révérences, où il était passé maître, car son oursonnerie religieuse n'avait pu lui retirer ses allures de grand seigneur. Puis il me dit froidement que j'étais accomplie et faite au tour et à peindre, avec une figure qui promettait les plus séduisantes facilités pour un établissement; qu'il était fier d'avoir fait de moi une femme destinée à servir d'argument aux philosophes et de modèle aux femmes de l'avenir. Après quoi, avec la même tranquillité, il me demanda si j'avais quelqu'attrait pour lui, et si je daignais consentir à devenir son amie et à prendre la place qu'occupait la comtesse, place qu'elle méritait, d'ailleurs, de garder et que nulle autre que moi ne saurait lui ravir.

Je lui répondis avec une froideur égale à la sienne, que j'y avais pensé, mais que je ne voulais être la maîtresse de personne, et que, afin de vivre comme j'avais décidé de le faire, en toute indépendance, j'avais résolu de me faire comédienne.

— Vous ne voulez être la maîtresse de personne, Mademoiselle, et vous vous faites comédienne ? Mais c'est le moyen de devenir la maîtresse de tout le monde.

— J'y penserai, répondis-je. Jusqu'à présent, cela ne me plaît pas. Je n'ai encore rencontré que des gens hypocrites, fanfarons, laids, malades, malsains, cachant sensiblement leur malpropreté, leurs mauvaises odeurs, ou bien étalant ridiculement leurs vices et leurs faiblesses. Avouez que cela n'est pas fait pour se mettre plus bas que terre en présence d'aussi vilaines espèces.

— Il vous faudra, Mademoiselle, beaucoup de vigilance pour rester libre au milieu de ce monde fort effronté et crapuleux qui fait le fond des coulisses de théâtre.

— Je saurai me faire respecter, s'il me plaît de

l'être. J'ai du sang-froid, de l'esprit ; la nature m'a donné un corps d'acier avec un cœur intrépide. Vous avez eu soin de m'enlever toute pudeur. Je n'ignore rien et n'ai aucun préjugé. Je vous dois aussi de monter à cheval comme une amazone, d'être leste comme un chat, de manier toute espèce d'armes comme une Bradamante. Je n'ai reçu d'autre conseil de mon père que ceci : être fière et mépriser tout le monde ; et c'est un bon conseil. Il ne m'a laissé aussi qu'un seul bijou en héritage, et c'est un bon couteau, qui ne me quitte pas. Ce n'est pas que je sois si abandonnée et solitaire que vous croyez, M. le Marquis, et je suis la reine d'une foule de chaudronniers, de vanniers, de commissionnaires, de coureurs, de domestiques et de filous.

Il me regarda alors, sans surprise, car il était trop poli et trop de bonne compagnie, pour m'indiquer, même par un signe d'étonnement, qu'il me tenait pour un peu folle. Je ne l'étais nullement. On se rappelle que mon père, dans la lettre qu'il m'avait fait écrire par mon premier ami le bossu, m'avait indiqué qu'il y a beaucoup de Basques et de Bohémiens parmi les gens de ces métiers, parmi les mendiants, les voleurs et les assassins de Paris, et que toutes ces vilaines espèces étaient exactement à ma dévotion, et que pas un n'eût voulu ou osé résister, soit à mon appel, soit aux signes marqués sur mon épaule,

— En surplus, repris-je tranquillement, je n'ai rien trouvé dans les leçons que vous m'avez fait donner, dans les conseils ou les exemples que j'ai vus ici, qui puisse m'empêcher de m'abandonner à tous les ajustements où me poussera la Nature.

Il hésita un instant, entre un fonds d'honnêteté qu'il avait reçu de son sang et la vilaine logique où le poussaient sa philosophie et franc-maçonnerie. Ce furent ces deux dernières déesses qui l'emportèrent.

— C'est jouer gros jeu, mais vous avez raison, Mademoiselle, et vous êtes dans le droit chemin de la nature, et, en outre, dans la droite vérité philosophique. Dans les sociétés civilisées, il n'y a qu'un but : être riche. Dans les sociétés sauvages, celles qui se rapprochent le plus de l'âge d'or, il n'y a également qu'un mobile : se bien porter. En bonne vérité, il n'y a que cela dans le monde, la santé et la fortune ; le reste est à prendre ou à laisser, selon le caractère et l'âge et le goût prononcé. Je me charge de votre fortune. Vous, soignez votre santé. Je regrette, conclut-il avec cette même impassibilité dont il ne se départait pas, de n'être pas assez jeune ni assez persévérant pour essayer d'être parmi vos premiers adorateurs.

Je secouai la tête en riant.

— C'eût été inutile. Je veux bien accepter vos dons, puisque vous m'avez enseigné qu'il faut avant tout chercher son intérêt, la satisfaction de ses désirs et de sa volonté. Comme, certainement, il est plus commode de trouver l'argent dans son tiroir que de se lever pour aller le chercher, j'accepte donc votre argent, quant à présent, car il y a en moi quelque chose qui me dit qu'il vaudrait mieux vous le jeter au visage ou par la fenêtre. Sans doute, je n'ai pas besoin de vous. Je suis aussi attrayante que Duthé et Colombe, à qui il faut chaque matin trois heures pour ravitailler leurs grâces et les faire confire dans un attirail de parfumerie, tandis que moi je suis fraîche comme la neige éternelle de mes Pyrénées et parfumée par la nature, comme le chèvre-feuille et le lilas. Je suis cent fois plus désirable que Guimard, qui fut noire comme taupe et maigre comme grenouille. J'espère qu'on ne me comparera pas à Sophie Arnould, qui a la peau sèche et jaune comme le cuir de Cordoue, et qui a toujours tant de salive dans la bouche, que je lui ai dit, avant-hier qu'elle me voulut entreprendre, en rage des galanteries que me débitait ce malpropre calibor-gnon de duc de Lauragais : — « Comment voulez-vous que je vous réponde, Mademoiselle, j'ai à peine le temps de m'essuyer, tant vous m'envoyez au visage la crême de votre esprit. » Eh! bien, ces demoiselles et tant d'autres furent et sont riches, sans autre mérite que leurs attraits. Mais, encore une fois, j'ai besoin de réfléchir à tout cela, et, pour maintenant, j'aime mieux recevoir votre argent. N'attendez nulle reconnaissance. Car je sens que vous êtes plus heureux de m'en donner que moi d'en recevoir. N'attendez surtout nulle faveur. Non pas que je vous trouve vieux ou laid. Vous l'êtes un peu plus ou un peu moins que d'autres, et, comme je n'ai en tête aucune chiffonnerie pour qui que ce soit, cela m'est égal. Je ne vous trouve en aucune façon désagréable, au contraire.

Il s'inclina avec une gravité très gracieuse.

— Je vous trouve plus agréable que bien d'autres, mais aussi je vous méprise plus.

Il tint son fier, sans remuer un cil.

— Je vous trouve ridicule d'avoir été l'amant fidèle d'une grosse marionnette reteinte et étayée, comme ma belle-mère, laquelle est la perruche de vos philosophes, lesquels, à leur tour, sont ni plus ni moins que vos parasites. Croyez-vous donc que si cette dondon minaudière, avec sa coquetterie étudiée, ses tendresses de grimace et son perruchement métaphysique, ne m'eût pas vengée, si elle ne vous eût pas rendu ridicule, en appliquant, avec vos amis et vos laquais, vos théories sur la loi naturelle, si, elle-même, je ne l'eusse pas vue, un jour, battue comme un tapis par un de ces laquais qui lui jurait que cela était aussi le droit naturel, croyez-vous que je n'eusse pas depuis longtemps vengé mon père sur elle et sur vous?

Il m'écoutait bourgeoisement, comme le marchand du coin. Je vis bien que ces derniers traits l'avaient touché. Il ne se croyait pas avoir tant d'obligations à la Nature. Il fit pourtant bonne mine à mauvais jeu.

— Vous ne m'apprenez rien. J'ai anatomisé depuis longtemps Madame la Comtesse, et je ne puis lui en vouloir de pratiquer ce que je lui ai enseigné et de suivre les lois de son tempérament. Tout ce que l'équité naturelle demande aux femmes, on le reconnaîtra plus tard, c'est de distribuer le bonheur le plus libéralement, et ce que la société réclame d'elles, c'est d'y mettre de la décence. Retenez cela, si jamais vous daignez agréer mes vœux.

Ce fut tout le remerciement que ce grand philosophe eut de moi, dont il était, au fond, très fier, comme d'un spécimen exquis de la puissance philosophique, comme de la *Fille de la Nature civilisée*, ainsi que le disait gravement Mme Helvetius, son amie, qui était une excellente bête.

M. de Sanghehem mourut peu de mois après cette conversation que j'ai rapportée fidèlement, afin qu'on sache exactement en quelle posture d'esprit et de cœur je me trouvais alors. Je fus satisfaite de cette mort. J'hésitais toujours à savoir si je devais ou non donner, en souvenir de mon père, un coup de couteau à ce bienfaiteur de l'humanité, et bien souvent il me semblait que c'était une faiblesse que de ne pas le faire. Je n'y eusse peut-être pas résisté, sans cette attaque d'apoplexie qui l'emporta, après qu'il eut passé ces derniers mois mangé de vapeurs.

J'avais été fort gratieusée de compliments et de menus présents par une amie de M. de Sanghehem, qui était la princesse de Vaudémont, une grande dame de son espèce, philosophe, ayant comme lui, un haut grade dans la Franc-Maçonnerie et, comme lui, travaillant à détruire la royauté et le catholicisme, bien qu'elle eût, de ci de là, des fusées de superstition. C'était une tête où il y avait bien du manqué.

M. de Sanghehem était également au parfait

avec la duchesse de Valentinois, mais sans qu'on en eût jamais glosé. La duchesse avait à Passy une maison tenue au mieux, où l'on donnait des fêtes galantes et où l'on jouait des pièces parfois grivoises sur un théâtre fort bien meublé.

C'est là que je débutai, lors d'une fête que la duchesse donna à Madame la Comtesse de Provence, dont elle était dame d'atours. J'y jouai dans la pièce de *Rose et Colas* avec Clairval, qui y excellait et qu'il aimait. Cette comédie à ariettes avait été représentée pour la première fois, en 1764, et lui, à cette époque, était engagé seulement depuis deux ans, très jeune, et très goûté, comme chacun le sait. Il daigna me féliciter, et parut étonné que je n'en parusse pas anéantie de gloriole. Il se piqua au jeu et m'assura que ma place était à la Comédie-Italienne, où il se portait fort de me faire admettre, ce qu'il pouvait faire, étant le doyen des acteurs de ce théâtre où chaque membre du comité en était envers lui aux courbettes prosternées. En surplus, il était des comédiens les mieux faufilés dans le monde.

Toute la salle, qui se composait de ce qu'il y

avait alors de plus grand en France, fut d'abord suffoquée de silence en me voyant. La renommée avait déjà donné de sa trompette à mon sujet ; et ce qu'il y eut de lorgnettes ajustées sur moi, c'est inimaginable. Je me sentais au-dessus de tous ces mirliflores, dont un grand nombre et des plus panachés m'avait vue chez le Mis de Sanghehem qui n'avait pas caché le mépris que j'avais fait de lui. Je fus d'une tranquillité glaçante.

On n'a pas oublié le bruit que fit ce début et on peut le voir dans les gazettes à la main. Le lendemain, j'eus à mes pieds tout ce que la Cour et la Ville renfermait de plus riche et de plus puissant. Je ne répondis à rien, non plus que je ne l'avais fait aux compliments dont on m'avait assassinée après la représentation. Je reçus beaucoup de baisers de civilité de la part des femmes qui étaient là. Ce fut tout ce que j'encoffrai.

De tout ce qu'on dit alors, je ne retins que deux phrases. L'une fut dite par un jeune homme, dont l'air hardi, un peu sauvage, tranchait sur cette quantité de brillants patineurs qui m'entouraient, et ce fut ceci : « — Voici une femme dont l'allure indique un être qui ne ressemble à personne. » On m'assura que ce Huron était le chevalier de Sanghehem, le fils de mon marquis. Je le regardai avec une férocité que je ne m'expliquai pas bien à moi-même.

L'autre phrase, ce fut un homme de riche taille, et dont la beauté grave et paisible me frappa, qui me la dit :

— Belle comme vous êtes, Mademoiselle, et faite au tour, étant aussi habile musicienne qu'excellente danseuse, vous deviendrez la merveille du théâtre.

J'appris que c'était le duc de Coigny ; et je me retournai vers un petit-maître, très élégant, au teint brun, à l'œil noir très dur, à la physionomie railleuse, à l'air chien, qui me déplut souverainement : c'était le comte de Tilly. Il me regardait effrontément.

— Est-ce une merveille qu'on dore ou qu'on adore ? demanda-t-il en persifflant.

— C'est une merveille qui s'endort, dis-je en riant, et je me dirigeai vers la porte.

On sourit. Il était aussi colérique que cynique,

très brave, d'ailleurs ; on lui reprochait seulement d'être trop bien avec Adeline, de la Comédie-Italienne, laquelle — c'est d'Adeline que je parle — ruinait Veimeranges, qui était, si j'ai bon souvenir, Intendant général des Postes et fort riche. Tilly courut après moi. La princesse étant partie, chacun avait recouvré la liberté de ses mouvements.

— Vous ne m'avez pas répondu, Mademoiselle, me dit Tilly d'un ton dur et insolent.

Je me retournai, et il paraît que j'avais ce regard furieux qu'on ne peut soutenir.

— Je ne vous ai pas répondu sur la dorure, Monsieur le Comte, parce que j'ignore si vous aviez l'autorisation de M. Veimeranges. Pour l'adoration, M. Clairval vient de me parler de débuter à la Comédie-Italienne, et je ne veux pas me mettre mal avec... les anciennes.

Ce fut une rage de rire. M. de Tilly était dans une posture à faire pitié. S'il l'eût pu, il m'eût broyée. Mais il n'y avait pas lieu, sous peine d'être montré. On ne battait personne, pas même un laquais, en public ; et une femme ! Je le regardai, dans sa fureur qui était effrayante, avec une tranquillité que j'étais seule à avoir ; car, s'il ne pouvait me battre, il pouvait me tuer, à ses risques ! Chacun me rendait justice et était de mon parti, car il m'avait insultée avec un redoublement d'insolence et sans cause, mais j'avais été trop loin en parlant de Veimeranges. En parlant d'ancienneté, à propos d'Adeline, c'était franc jeu. Ce qui rendait son état affreux — je dis à M. de Tilly, — c'est que étant seule, sans ami, sans parent, sans protecteur, il ne pouvait s'en prendre à personne.

Le chevalier de Sanghehem s'avança avec une nonchalance qui lui allait fort bien. Il fit à M. de Tilly une belle révérence.

— Mademoiselle de Basoa, dit-il, avec un sourire paisible, paraît avoir été élevée avec quelqu'originalité. C'est le Mis de Sanghehem qui est l'auteur de cette belle éducation, et me voici obligé, sur l'honneur du nom, de me mettre très respectueusement à vos ordres, Monsieur le Comte.

On trouva que cela était bien, et moi j'applaudis de la tête en m'en allant. Je crois qu'ils furent blessés tous deux, mais légèrement.

C'est ainsi que j'entrai dans le monde, en me mettant aux griffes avec toutes les actrices de la Comédie-Italienne, sauf Mmes Saint-Aubin et Cretu, qui allaient être reçues l'année suivante, en 1788, et la jolie et mignonne Rose Renaud qui devait faire partie de l'Etat en 1789. Je ne parle pas de M. de Tilly ; je devais avoir bien d'autres et plus dangereux ennemis. Mais il fut connu qu'il ne fallait pas me jeter chat aux jambes, sous peine d'en être mauvais marchand, et que j'avais le bec en même temps que les ongles.

Pour les fumées amoureuses, il paraissait d'après cette scène, que je ne voulais décourager personne, mais que je serais aussi difficile à prendre que le Port-Mahon.

III

1788.

J'entrai donc à la Comédie-Italienne en 1788, peu après Mesdemoiselles Saint-Aubin et Cretu.

J'ai dit Mesdemoiselles, car il faut savoir que, aux théâtres de l'Opéra, comme à la Comédie-Italienne, on donnait le titre de *Mademoiselle* à toutes les actrices, même aux duègnes et à celles dont les maris jouaient sur le même théâtre. A la Comédie-Française, le titre de *Mesdames* commençait à l'emporter. *Mesdemoiselles* restait aux pensionnaires. Au *Théâtre de Monsieur*, c'était *Mesdames* pour tout le monde.

Je ne fus pas trop mal voulue de Mademoiselle *du Gazon*, qui était notre doyenne, ayant été reçue en 1776; mais fort grimacée par *Adeline* et *Lescot*, qui étaient des anciennes ayant été reçues en 1780. Elles étaient d'ailleurs jeunes encore, fort célèbres comme on sait, par leurs galanteries. Une seule de ces filles de la Comédie s'empressa de me faire bel accueil, et ce fut Carline. Mais je ne pus la supporter.

On disait qu'elle était une dévote et c'était pis pour moi que de balayer les égoûts et de rire sous le gibet de Montfaucon, et je mettais un vieux mouvement de Genève, comme Mademoiselle Guimard qui avait alors 45 ans et cherchait un époux, bien au-dessus d'un être allant à la messe. Carline, qui était plus qu'une dévote, je dis une sainte, y allait tous les jours avec son époux et ses enfants, et elle rendait le pain bénit, non par dérision ou par affichage, comme le firent Duthé et Colombe, mais par piété. Je veux dire en passant, pour l'avoir entendu souvent répéter, que les Comédiens du Théâtre-Italien étaient les seuls, en France, à n'être pas excommuniés.

C'était une chose à remarquer : au milieu de ce monde d'impures et d'aimables fanfreluches, parmi tous ces êtres d'une suffisance à crosser, d'un persifflage attérant, d'une insolence à rendre fou et d'une débauche qui suffit, à ce que l'on dit, à expliquer la Révolution, Carline était respectée au-dessus de tout. Elle recevait ce qu'il y avait de mieux parmi les exquis de la Cour et de la Ville ; on entend que je veux indiquer les gens sérieux et point faisant métier d'impiété.

Lorsqu'elle vit ma sotte mauvaise grâce qui allait jusqu'à une mine furibonde quand elle me parlait, elle s'éloigna sans colère et sans mépris, avec un soupçon de tristesse. On eût dit qu'elle seule comprenait qu'il n'y avait en moi que le fanfaronnage du vice, et que j'étais aussi pure qu'elle, avec la vilaine célébrité d'Adeline, avec les mots lestes de Sophie Arnould et la hantise des plus mauvaises compagnies.

Mesdames *Solier* et *Solanges* qui étaient chez nous l'une première danseuse, l'autre danseuse en double, et qui jalousaient le talent que j'ai d'être à la fois danseuse et comédienne, me voulurent piquer au vif. Mais j'ai un fond de caustique et l'épigramme en main. Je fis taire le corps de ballet. Et, quand j'eus utilisé mon troisième talent, qui est de faire des couplets et de tourner des vers satyriques, je fus exécrée de toute la troupe, mais portée aux nues, mise au ton de l'étiquette et d'une vogue à faire pâlir les comédiennes les plus faufilées.

Je débutai dans *Fanchette* ou l'*Heureuse Epreuve*, comédie en deux actes, en prose, mais mêlés d'ariettes de MM. d'Alayrac et des Fontaines.

Je cherche ce qui explique surtout le succès tout à fait hors de prix que j'eus, et je dis surtout hors de prix avec mon talent qui, ainsi que je le dirai mieux, n'était pas grand. C'est qu'on trouvait que je ne ressemblais à rien, que tout était *naturel* en moi ; que j'avais une sensibilité *naturelle*, un esprit *naturel*, un talent *naturel*, des gestes *naturels* et, comme la nature était à la mode, j'étais menée par les mêmes chevaux, et m'en allais à bride abattue vers la renommée. Tilly, qui dominait dans nos coulisses par son esprit, son courage, ses galanteries et sa méchanceté, disait que je « sentais le fruit vert ». C'était vrai. Je parlerai encore de lui tout à l'heure.

Ce que je reçus de bouquets, de cadeaux, de visites, de lettres, après ce brillant début, on peut l'imaginer, d'un siècle riche, galant et où les comédiennes étaient comme les reines d'un tournoi où l'argent se battait contre le courage, l'effronterie, l'élégance, la folie et l'esprit.

C'était au commencement, j'étais curieuse, et, comme je l'ai dit, les misérables qui ont fait mon éducation ne m'avaient laissé rien ignorer, ni rien redouter. Je lus donc ces lettres. Il y en avait plusieurs centaines, Il n'y en eut qu'une qui me frappa vivement. Elle fut pour quelque chose dans cette bizarrerie qui me retint de tomber dans la débauche où je laissai croire que j'étais, et, pour tout dire, elle est de celui que je nomme Léandre et que j'attends.

Je la sais par cœur, l'ayant lue et relue ainsi que les autres billets qu'il me fit tenir, et qui sont tout ce que je sus de lui.

« Je ne connais rien de vous que vos yeux,
« Mademoiselle, et c'est sur vos yeux que je vous
« demande votre main. Je ne sais pas si vous
« êtes belle, si vous êtes grande ou petite, bien
« ou mal faite. Je ne désire pas de vous voir
« bossue. Malgré cela, et quand même vous le
« seriez, je vous demande encore votre main.
« Vos yeux suffisent à mon bonheur et c'est eux
« que je veux épouser. Cela suffit à vous dire
« que je ne suis point passionné pour vous. J'es-
« père que je le deviendrai et même j'en suis
« assuré. Que ceci donc ne vous arrête pas. Mais
« il est bien vrai que c'est par pitié pour vous
« que je vous supplie de m'épouser. Je n'ai jamais
« vu ni imaginé, et personne n'a vu ni imaginé
« des yeux plus fiers, plus altiers, plus souve-

« rains. Ce sont des yeux de reine superbe, des « yeux qui indiquent le cœur le plus hautain, « l'esprit le plus noble, l'âme la plus élevée. Cela « m'a saisi dès l'heure que vous êtes entrée en « scène. Je ne les ai pas quittés des miens, je « n'ai plus vu qu'eux, et, quand je suis sorti du « théâtre, j'ai pleuré comme une petite fille. Je « rêvais d'une fille de roi qui serait tombée entre « les mains de saltimbanques qui l'outrageaient. « Vous ne pourrez jamais, en effet, résister aux « tentations dans la mauvaise compagnie où vous « entrez. Vous deviendrez semblable à toutes ces « courtisanes qui vont être vos compagnes. « Adieu la fierté et la noblesse de ces beaux yeux « divins. C'est pour vous, pour vous sauver du « péril, eux et vous, et je vous offre mon nom et « ma fortune.

« Ma fortune est considérable. J'ai 21 ans et « j'en suis le maître. Mon nom est aussi connu « que celui de M. de Voltaire. J'ai du courage, « de la volonté. Je suis bien fait. J'ai en senti- « ment le désir de l'honneur et de la religion.

« Si vous acceptez d'être mon épouse, je sais

« que vous en remplirez les devoirs avec fidélité.
« Vos yeux, — ah! les yeux admirables et dignes
« du ciel — me l'ont dit. Si donc vous consentez,
« ne jouez pas demain. Ce sera le signe que vous
« acceptez, et cela vaudra un engagement réci-
« proque. Alors je me montrerai. Vous saurez
« mon nom. Je vous ferai connaître à ma mère et
« à ma sœur — mon père est mort — qui seront
« heureuses de me savoir heureux. Je suis éga-
« lement certain que vous n'agirez pas par pure
« curiosité. Car *en ce moment*, vous êtes l'hon-
« neur, la fierté, la dignité même. Mais si vous
« me refusez, vous ne les serez pas longtemps. »

Il ne me vint pas en pensée que cette lettre pouvait être de quelqu'un qui me tirait une botte, ou qui était fou. Je crus ne pas me tromper en devinant que cela venait d'un homme sincère, innocent et fort naïf.

On n'imagine pas que j'aurais pu prendre cette offre au sérieux. Je jouai donc le lendemain comme je le devais. Mais ce fut la seule lettre que j'encoffrai de toutes celles qui me vinrent alors et qui m'offraient les trésors des Incas.

J'ai dit aussi que cette lettre fallotte me piqua au jeu. Je voulus qu'elle se trompât en assurant que je ne saurais garder mon honneur au milieu de ces filles et de ces jolis-cœurs, ni mon sang-froid parmi ces persiffleurs et ces maldisantes.

Je fus donc si bien voulue du public, tellement choyée à la Ville, que le comité de la Comédie, qui se composait de tous les acteurs reçus et qui dirigeait les affaires sous la surveillance des gentilshommes de la Chambre, me mit à tout. J'étais comme un jeune oiseau qui sort du nid, voulant tout voir, j'étais curieuse comme une mouche bourdonnante. Ma curiosité se posa sur le théâtre.

Cette année-là, je dis en 1788, je jouai quasi dans tout, dans la *Muse confidente*, de Marivaux, que l'on reprit, dans le *Rival confident*, comédie également en deux actes, en prose et à ariettes de *Forgeot* et de *Grétry ;* dans *Sargines* ou l'*Élève de l'amour*, comédie lyrique, toujours en prose et à ariettes, mais cette fois en 4 actes et de *Monvel* et de *d'Alayrac*.

C'est à ce sujet que je connus Monvel qui devait devenir célèbre avec les *Victimes cloîtrées*, et qui me déplut par sa suffisance, vilaine au delà de tout.

Après chacune de mes créations, j'étaïs gratieusée d'un billet de mon inconnu toujours plein de candeur, et toujours m'offrant son nom, sans aucune chiffonnerie pour les mauvais bruits qui commençaient à courir sur moi. Il était toujours tranquille comme un piédestal, ne voyant en moi que mes yeux, hormis quand il m'écrivit après *Sargines*.

Il y avait dans cette pièce quelque chose qui me rappelait la scélératesse des philosophes francs-maçons qui m'avaient élevée comme on fait d'un chien pour qu'il soit un chien savant. Ce souvenir m'avait mis en belle colère. Cette fois-là donc il entendit ma voix et elle le ravit par sa fierté et son ton impérieux, comme le faisaient mes yeux.

Je reviens à mes exploits dans les jardinets de Thalie. J'échappai à *Sophie et Derville*, un insupportable petit acte de Mlle *de Saint-Léger*. Mais je brillai du plus vif éclat dans le *Siège de Mézières*, comédie en trois actes et en vers libres, mêlés d'intermèdes. Le vieux M. *de Rozoi* — dont ce fut les derniers exploits, car il mourut peu après — m'y avait donné un rôle également de récit et de danse, à la grande fureur de Mlle *Simonet*, qui doublait Mlle Solier comme première danseuse, et à qui le rôle revenait. Mais c'était un toton pour l'esprit, longue et plate comme l'épée de Charlemagne, en surplus légère comme une bulle de savon, et je n'en dirai pas plus.

Je fus également portée aux nues dans les *Trois Déesses rivales, ou le Double Jugement de Paris.* C'est un opéra-comique en un acte et en vers, mêlé de danses et d'ariettes, du bon M. *de Piis* et d'un M. *de Propiac*, un musicien qui avait donné, au théâtre de la rue Favart, l'année précédente, *Isabelle et Rosalie.*

Pour Piis, j'ai bon souvenir qu'il me dit, vers la fin de l'année de 1793, quand je le rencontrai fort penaud et tremblant, comme tous les auteurs dramatiques d'alors, sauf Laya, il me dit donc qu'il n'avait encore fait jouer que 31 pièces très exactement, et qu'il voulait garder sa tête pour en faire jouer cent. Il ne voulait pas démordre à moins, et il se sauva en claquant des mâchoires, quand je lui dis que j'allais tirer les oreilles à Saint-Just pour me faire mettre en prison. Vaut-il la peine d'écrire que ce M. de Propriac était une sorte de roquentin, que je fus contrainte de regarder avec mes yeux de chat sauvage !

Pour le faire court, et comme je ne promets pas de parler toujours autant des pièces de théâtre, je dirai que les années 1788 et 1789 furent les plus fécondes pour la Comédie-Italienne — je prie nos persiffleurs et caustiques de ne pas rire, je parle de la fécondité de Melpomène et de ses Sœurs purement, et je n'ai jamais aimé les expressions fourchues. — Toutefois, l'an 1789 le fut moins que l'autre, n'ayant eu que onze nouveautés, quand 1788 en avait eu 19 ; et que l'on tienne ce compte pour exact.

Mes succès ne mirent pas mes affaires en meilleur ordre d'amitié dans les coulisses de la Comédie. Au vrai toutefois, il ne faudrait pas s'y tromper. Nous nous y détestions toutes, et cela est bien naturel, puisque nous nous voyions toutes dans notre laideur intérieure, et que la plupart d'entre les actrices chassaient la même bête ;

mais, aussi bien dans les petits théâtres que dans les quatre grands, il n'y avait nulle grossièreté. Il fallait être poli, comme il fallait être propre, sous peine de tomber dans un furieux discrédit.

On ne saurait imaginer l'influence et la nécessité de la politesse dans toutes les branches de la société française d'alors. Cela était presque comme l'honneur, et il fallait en avoir à tout prix, y fût-on aussi mal disposé que possible. Les financiers eux-mêmes, les plus près d'être des maroufles, étaient forcés d'être polis sous peine qu'on leur rappelât de mille façons blessantes qu'ils étaient des laquais parvenus.

On peut bien gager que les agréables de la Cour ne venaient pas dans nos coulisses pour nous parler chiens, cerfs et sangliers, ou les auteurs pour nous réciter les sages conseils du législateur du Parnasse. On se persifflait, on se raillait sans miséricorde, on faisait les cinq sens de nature pour mettre les compagnes en rage mue et trouver une partie faible et pousser, pousser toujours dans ce sens-là. Les mots à l'emporte-pièce étaient la monnaie courante; il fallait savoir sourire en grinçant des dents et n'être jamais à plat sous peine d'y rester et de ne plus valoir mieux qu'une vachère, aux enchères des mirliflores et des fermiers-généraux. Mais, encore une fois, s'il y avait dans nos coulisses des acteurs, des auteurs, des financiers, gens vantards et volontiers malotrus, c'étaient les gens de la Cour qui y étaient les personnages importants, et qui y donnaient le ton, parce que nous les préférions aux autres. Pourquoi cette préférence? C'est qu'ils avaient des qualités de délicatesse qui nous aidaient à les tenir dans nos filets quand une fois ils y étaient. Mais cela me mènerait loin. Je veux dire seulement que ce fut en 1791 qu'on commença à injurier avec lourdise et grossièreté, aux foyers des théâtres.

Pour moi j'étais particulière là-dessus, je dis sur la politesse. J'ai toujours eu un flair pour sentir ce qui est bas et ridicule chez les gens. Cela me donnait une tournure hautaine, qui m'allait bien. Aussi, taquine comme une mouche, éveillée comme un jeune chat, résolue comme un dogue — une ménagerie de bêtes féroces, disait le pauver Suleau, en parlant de moi, — j'étais devenue, de détestée que j'étais jadis, exécrée, et j'en étais heureuse au possible.

Il n'y avait qu'Adeline qui me tînt tête. Elle était fort célèbre chez nous par sa vogue galante, qu'on ne pouvait pas bien expliquer. Elle était sans doute très bien faite, quoique petite ; elle avait un talent fort ordinaire, mais, surtout, elle avait un teint si singulièrement pâle et une bouche si grande, avec des lèvres si pincées, qu'on la surnommait la *Tête de mort*. Pourtant elle était aussi courue que l'avaient été Duthé, Sophie Arnould et Guimard. Est-ce parce qu'elle avait un esprit très caustique et de l'insolence ? Cela y était pour quelque chose.

Comme elle s'appuyait sur Tilly, sur le petit *Sartine*, qui ne songeait pas encore à *Mlle de Ste Amaranthe*, et sur Veimeranges, le directeur des postes et relais de France, le bras droit de *M. de Calonne*, elle se croyait forte contre moi qui n'avais aucun protecteur attitré. Je ne m'inquiétais pas d'elle. Mais je ne perdais aucune occasion de lui indiquer finement qu'elle sentait le rance et que j'étais fraîche comme une rose. Je ne la nommais que la *doyenne*. En effet, quoiqu'elle n'eût pas encore trente ans, après du Gazon et Gontier, elle était la plus ancienne.

Tilly prenait rarement part à l'escarmouche. Il y avait entre nous une haine muette. Il savait que je le méprisais parce que, avec le meilleur ton et un courage indomptable, il avait un fonds de férocité, de corruption et d'indélicatesse que rien n'effrayait. Mais il avait reconnu que je suis encore plus féroce que lui et plus indomptable et ayant, en outre de cela, quelque chose d'élevé qu'il ne pouvait comprendre.

— Est-ce que tu serais la reine des Incas ? me dit-il un jour brusquement.

— Tu brûles, Tilly, lui dis-je en riant. Seulement, il ne me reste à moi que l'orgueil des princes, mes ancêtres. C'est Adeline qui a hérité de leurs trésors. Tiens-t-y.

Il me regarda de son œil noir et cruel, — car on disait que l'argent d'Adeline, c'est-à-dire de Veimeranges, et le sien n'étaient pas bien séparés, et c'était peut-être une calomnie. — En tous cas, il vit dans mon œil une résolution aussi cruelle que la sienne. Depuis lors, il ne me tutoya plus, et nous n'eûmes plus l'air de nous voir.

A la fin de cette année 1788, je reçus une lettre de Léandre. — Je lui donnais déjà ce nom :

« Je suis, Mademoiselle, le plus malheureux des mortels. Il y a un an, je vous estimais et ne vous aimais pas, et je voulais vous épouser. Aujourd'hui je vous adore et je vous méprise. J'aimerais mieux mourir que de vous donner mon nom. Ce que j'avais prévu est arrivé. Vous avez la renommée d'être une impure. Mais, à force de penser à vous et à vos yeux de reine, je suis devenu amoureux fou. Eh ! ces beaux yeux, si purs et si fiers, comme ils m'ont trompé ! Et comme ils me trompent encore ! Car ils sont toujours aussi nobles et aussi hautains. Pourtant, quand on parle de Stella Basoa, c'est autant que si on nommait Duthé ou Guimard, ou Colombe, ou la Verrières, ou la Maillard, ou Rosalie, ou Sophie Arnould, ou Olympe de Gouges, ou Adeline, ou Raucourt, ou... Je voudrais qu'il y en eût encore des millions d'autres pour pouvoir vous pardonner un peu. Je ne vous écrirai plus si je puis. »

Les deux dernières phrases me parurent très profondes et très touchantes. Mais le pauvre garçon avait raison. Ma réputation était devenue en quelques mois, au-dessous de tout.

Quand Léandre lira ces souvenirs et confessions il se demandera, avec surprise, quelle est l'inconséquence qui m'a poussée à me faire passer pour libertine, à me laisser ranger parmi les impures, quand, en dedans de moi, j'étais fière de me dire qu'il n'y avait pas de rosière qui le fût autant que cette Stella Basoa dont les mots lestes couraient la ville, et à qui l'on attribuait, sans qu'elle s'en défendit, cent aventures galantes. Je voudrais passer là-dessus comme chat sur braise. Mais je me suis fait une affaire capitale de dire toujours la vérité. Au fond, je n'y comprends plus rien aujourd'hui; mais voici le tout sur ce mélange de cynisme extérieur et de pudeur en dedans de moi :

Il faut se rappeler ce que j'ai avoué, que j'étais une enfant fière, sauvage, détestant toute entrave, haïssant la bassesse, comme un chat qui secoue les taches de boue qui seraient sur sa fourrure.;

d'ailleurs sans coquetterie et avec le sens de l'honneur. Et voilà ce qui m'a sauvée, avec ceci que je me voyais gueuse, mais fille de roi, ayant des sujets déguenillés mais dévoués, et ainsi étant, de mon estoc, d'une sorte différente et même supérieure à tous les faquins, à toutes les vilaines, à tous les petits-maîtres, si panachés qu'ils fussent, et, en un sens l'égale de la Reine.

Mon père, comme on sait, ne m'avait jamais parlé de Dieu. M. de Sanghehem et ses amis m'enseignèrent que l'homme athée est un être supérieur au reste des humains. Ils m'apprirent que Dieu, religion, culte, prière, crainte de la mort sont des choses ridicules, exécrables, inventées par une espèce d'êtres hypocrites, pervers et vils, qu'on nomme prêtres. Ces philosophes, comme je l'ai dit, prétendaient être honnêtes gens. Ils ne me poussaient pas directement à la dépravation, disant que cela serait injuste, abusif et, en surplus, point nécessaire. Ils m'apprirent seulement qu'il n'y a d'autres lois que celles de la Nature, d'autre savoir que d'être heureux ; que la morale est une chose variable, accessoire, une mode un peu gothique, comme le fouet pour les enfants. Dès lors, on pouvait la suivre ou non, selon la fantaisie et le moment, et selon qu'on y a intérêt.

Je devins donc plus altière et plus dédaigneuse encore, et voulant par-dessus tout voir très clair et faire tout ce qui pouvait m'être agréable sans être arrêtée par rien. Cette éducation m'avait donné une curiosité qui ne reculait jamais, une liberté de pensées et d'allures au-dessus de tout.

Le besoin de distraction, le plaisir âpre et furieux qu'il y a à voir le mal et la bassesse; une étrange fanfaronnade contre l'opinion générale, une volonté vindicative contre M. de Sanghehem et les lâches philosophes qui avaient empoisonné ma conscience, tout cela explique-t-il comment un être fier, ayant le mépris naturel de ce qui est ridicule, faux et vil, put rechercher avec avidité la vue de toutes ces hontes dont le premier aspect le gênait toujours?

Tant est que je fus faufilée dans toutes les parties galantes, entendant tout, regardant tout, sans avoir jamais permis qu'on me touchât, sans jamais perdre le sang-froid, sans autoriser le moindre baiser de civilité, ni même le moindre ton de cérémonie tendre, distribuant les soufflets très vigoureusement, montrant les griffes et mon poignard de Bohémienne quand l'ivresse poussait quelque jeune éventé à autre chose que des mots et des grimaces. Mais, comme je ne faisais que rire quand on m'attribuait quelque aventure, comme je ne confirmais ni ne niais rien, il y eut bientôt une armée de grands seigneurs et de riches financiers qui se vantèrent d'avoir eu les bonnes grâces de Stella.

Ce qu'il y eut de riches carrosses devant la porte de ma maison où nul n'entra jamais, ni de jour, ni de nuit ; ce qu'il y eut de démentis entre gens qui n'avaient pas plus de droits à démentir que les autres à affirmer ; ce qu'il y eut de coups d'épée entre gentilshommes qui se vantaient d'être du dernier bien avec moi et que je n'avais point vus, c'est à ne pas croire.

J'en arrivai bientôt à m'amuser de cette situation et à être plus fière que jamais de cette vertu virginale que moi seule je connaissais, et qui était couverte d'apercevances si galantes.

Pourtant rien ne me retenait de tomber aussi bas que les autres. J'étais même moins protégée qu'eux, puisque je ne croyais à rien, n'avais chance d'aucun remords, et que je possédais pour toute conscience le conseil de suivre les impulsions de la nature. Parfois je me disais que sanguinaire, indomptable, hardie, hautaine comme j'étais, je devais briser cette légère écharpe de soie qui me retenait et que je deviendrais un être merveilleux dans le vice et de façon à faire ombre à Ninon, Imperia et Cléopâtre. Mais enfin mon respect pour mon corps, le souvenir de l'*honneur* et les bergerades du pauvre Léandre avaient suffi jusque-là à me tenir à hauteur d'appui.

Il fut pourtant bientôt connu que les bouquets et les cadeaux qui tombaient chez moi comme par un déluge étaient le bien de ma femme de chambre. Toutes les bavarderies qu'on fit là-dessus augmentèrent ma renommée, mais non point mon talent. Le vrai est que je n'y cherchai pas.

J'avouerai, au hasard que l'on se moque de moi, que je passai mes jours à dire le diable de

Thalie et de Melpomène qui n'avaient désormais d'attraits pour moi, non plus que les prédictions de Nostradamus. J'en étais à railler le benêt public que je méprisais pour ne pas reconnaître que je me moquais de lui. Je n'en étais pas moins gratieusée de mille madrigaux, dédicaces et bouquets à Thémire. On n'a pas oublié le plus célèbre de tous, que me dédia ce malicieux nigaud de Cousin Jacques, et qui commence par

Chantez, dansez...

On sait le reste, qui me fit mal vouloir de toutes les actrices de Paris, en y comprenant nos princesses de la Comédie-Française, qui tombèrent en jalousie. Mais je n'étais pas bien désireuse alors d'y entrer, et ce fut pour le pis, car ce n'était pas une maison de bohémiennes, comme la Comédie-Italienne. Si je me fusse mise en sentiment la volonté d'y arriver, quand j'eusse dû passer les nuits à travailler, j'y fusse parvenue et je serais sans doute devenue quelque chose de grand et dont la postérité eût parlé; car là, à côté de vilaines choses et de vilaines gens, à côté des hommes à basse jalousie ou à sotte enflure, et des femmes à intrigues, il y avait l'amour de la gloire, l'honneur du métier. Chacun le portait haut parce qu'on y avait des traditions, des ancêtres, et que c'était le plus fin esprit de la France qui jugeait aux galeries comme au parterre. Tout ne s'y passsait pas en cailletage, en pasquinades, en embuscades, et à cueillir tout lourdaudement les plus dorés des myrtes de Vénus, comme chez nous.

Il me repasse par l'esprit que je n'ai point parlé de mon bossu, et bien en ai-je raison, car je ne l'avais plus revu, mais je pensais gaiement à lui chaque fois que j'en voyais un, fût-ce un chameau ou en peinture. Je l'appelais mon ami carabosse et c'était tout.

De mon père, je recevais de temps en temps quelque messager déguenillé, au teint jaune, au nez courbé, aux yeux sombres, qui me donnait mystérieusement, comme mot du guet, ceux qui étaient inscrits sur mon poignard, et me remettait, comme en se prosternant, une bourse rondelette, qui venait à point. Avec mes mille écus de rente et mes appointements, j'étais réduite au plus étroit nécessaire. Je m'en contentais, et cette simplicité superbe augmentait encore mon renom. Pour mon père, il se portait bien, faisait la contrebande en Afrique comme en Europe, voire en Amérique, et défendait que je cherchasse à le voir.

C'est cette année-là, je dis tout à la fin de l'an 1788, que ma belle-mère mourut.

On n'imagine pas que je pleurai. Je l'avais toujours tenue de très court. Elle n'était pas méchante, mais faite pour le cailletage, phrasière à l'excès, pouvant être citée pour le modèle des épouses de philosophes, trompant son ami, à tour de bras, tout en lui parlant sans cesse de la vertu, de la sensibilité, de l'humanité régénérée et de la corruption des cours et des mœurs.

Comment cette grosse femme sotte gardait-elle son empire sur cet homme qui avait l'esprit faux, mais fin, un fonds de délicatesse aristocratique et de fierté féodale qui se révoltaient parfois contre les plats-pieds de rhéteurs qui avaient fait de lui leur vache à lait, et de cette comtesse de strapontin leur femme à sentiments?

C'est que cette sotte avait eu une idée qui n'était pas d'une tête où tout fût manqué. Elle avait eu l'emmiellure de se dire Théiste quand son ami était Athée. Comme elle était, du reste, docile et aux cris d'enthousiasme pour les autres idées du sire, cela lui faisait, à elle, une coquetterie et une résistance qui valait chasse et capture. M. de Sanghehem en était émoustillé. Un air chien, qu'elle prenait avec tous les amis de l'époux, lançait toutes les cervelles philosophiques comme une meute après ses charmes reteints et ravitaillés. Ainsi, bien voulue de tous, et bien voulant tous, elle était vantée au delà de l'expression Enfin, il faut bien que les philosophes montrent par leurs accointances, sinon par ailleurs, les côtés bas qui les ont poussés en philosopherie.

Quand elle fut malade, elle me voulut voir. Je refusai net, par le mépris que j'en faisais, que je ne voulais pas montrer à une mourante, mais que je n'eusse caché pour nulle considération. Quand elle mourut, c'était, je crois bien, au moment où j'apprenais la comédie de *Sedaine : l'Anneau perdu et retrouvé,* mise en musique, en 1764, par

Laborde, et que *Chardini* venait d'orner de nouveaux airs. J'étais fort intéressée à comparer les deux musiques. Cela me parut plus amusant que de me mettre en pleureuse à la suite du corps de cette vilaine. En tous cas les crêpes, le jais ne m'allaient pas, et je ne me mis pas en draperie.

Mais je n'en étais pas quitte. J'ai dit qu'elle avait la bonté d'un fauteuil rembourré, sans plus d'acrimonie vindicative. Elle ne m'avait jamais fait la moue pour le mépris que je lui montrais, et elle m'avait magnifiée dans son cœur pour avoir refusé les vilaines grâces de M. de Sanghehem, et sa fortune et son hôtel.

Il lui vint en pensée qu'il était juste que je n'y perdisse rien, pour avoir été insolente envers M. de Sanghehem. Envoyant donc promener le théisme et l'athéisme, et le troupaillon de philosophes qui faisaient les chiens de garde, et aboyaient contre le curé qu'elle appela, elle crut réparer le tort qu'elle avait fait à mon père en me laissant toute sa fortune. Or, cette fortune, c'était une petite partie de celle de M. de Sanghehem, lequel la lui avait laissée, et notamment le bel hôtel, fort richement meublé, que j'ai dit plus haut.

Au commencement de l'année 1789, j'ai bon souvenir que je lisais une comédie-proverbe en un acte qu'un inconnu avait apporté chez moi, en me suppliant de l'appuyer à la Comédie-Italienne et d'accepter le rôle de la jeune fille. C'était l'*Héritage* ou l'*Epreuve raisonnable*. Je ne sais pourquoi le rôle de Sophie ne me convint point, et la pièce fut représentée le 8 juillet suivant sur le théâtre de l'Ambigu-Comique, et le rôle joué par Mlle Trial. L'on comprendra pourquoi j'en ai gardé souvenir, c'est que, au moment où je lisais cet *Héritage*, on m'apprit que je venais d'en faire un. C'était un notaire de Paris qui m'annonçait cette nouvelle. Je l'allai voir.

Je fus frappée, en le regardant, comme si j'étais devant un monument. Il me semblait que je n'avais jamais vu cette espèce d'homme. Cette physionomie paisible, indifférente et douce pourtant, pleine de sérénité et de gravité, était pour moi une chose nouvelle. Je me demandai pourquoi cela cadrait si peu avec les mines faites, animées, affectées, éventées, persifflantes, glaçantes, ennuyées, avec les mines du bel air, de vapeurs, de grimaces, de manège, avec les airs chien ou de bégueule que je connaissais jusqu'ici. Je me dis que c'était peut-être cette vieillerie dont j'avais ouï parler comme des pourpoints du roi Guillemot et qu'on nomme l'honnêteté.

Il se nommait Quatremère, — Quatremère successeur de Bricault. — Il demeurait rue du Bouloi, justement vis-à-vis la Croix des Petits-Champs. Il n'était sans doute, pas aussi fin qu'honnête homme. Après l'avoir regardé, ce qui l'étonna, je lui demandai si c'était l'honnêteté qui donnait cette belle figure. Il me prit pour une folle, que j'étais vraiment, mais je ne m'en doutais pas. Il rougit d'indignation, je suppose, mais d'une indignation vite apaisée. Il me répondit gravement qu'il avait à me remettre un testament qui m'établissait maîtresse de plusieurs biens, terres et maisons, lesquels, sans parler des meubles, bijoux, argenterie, pouvaient valoir cent mille livres de rente ou environ.

J'ai dit que je n'avais pas appris la délicatesse.

Je ne voyais pas d'inconvénient à accepter ce don de gens, bien qu'ils fussent mes pires ennemis, et que je n'eusse pour eux que du mépris. D'un autre côté, je n'étais pas intéressée. Je continuai d'observer la belle physionomie de ce bourgeois. Il était évidemment interloqué de l'indifférence avec quoi j'apprenais cette merveilleuse fortune.

Tout d'un coup, il me sembla que je lisais sur cette figure un conseil qui entra en moi comme une flèche, et avec une force à laquelle mon instinct ne résistait jamais, et c'était que je ferais bien de refuser ce don-là.

— Mademoiselle, me dit-il avec un beau salut, mais moins allongé que les saluts de cour, toutefois très révérencieux. Car en ce temps-là, les gens même les plus graves, étaient comme dévotieux sur le fait de la politesse, et c'était une manière qu'on avait de tenir son fier; on était poli pour montrer sa dignité, comme aujourd'hui depuis la Révolution, on est arrogant ou insolent. Il me dit donc : — Mademoiselle, étiez-vous avertie de cette intention généreuse de Mme la comtesse de Basoa, votre belle-mère?

— Non, répondis-je distraitement, ce sont des gens que je méprise et que je hais, je dis la haine pour M. de Sanghehem et le mépris pour celle à qui il a laissé tout ce bien. Je ne les ai pas vus depuis... je ne sais quand.

— Et, — pardonnez-moi cette curiosité que votre jeunesse et vos manières obligeantes autorisent — vous ne paraissez ni surprise ni satisfaite en recevant l'annonce de si grands biens?

C'est ici que je lui dis que j'étais plus occupée de sa physionomie que de mes rentes et j'ajoutai tranquillement :

— Je n'ai nulle envie d'accepter ce présent... Avertissez-en les héritiers naturels du marquis. Savez-vous, Monsieur, par quoi je suis furieusement obsédée, depuis que je vous ai vu? Par le désir de vivre bourgeoisement, en tondant sur un œuf, réduite au plus étroit nécessaire, dans une maison remplie des plus plates espèces.

Ce fut une scène pour en mourir. Le grave personnage — il était encore jeune — se sentit la tête pleine de papillotage. Il ne savait si je lui faisais effrontément la cour, ou si je me moquais de lui. Il inclinait à croire à un persiflage attérant, et il rougissait tantôt comme si j'avais voulu mettre sa vertu en grande déroute, tantôt comme s'il allait en mettre son bonnet de travers. Je le saluai avec une révérence majestueuse à la Duchesnois, qui l'acheva, et je m'en fus en faisant du testament un grand coq que je donnai à un grand dadais du chic, un clerc, qui s'en vint à entrer tout émérillonné pour voir mon illustre beauté. Il me passa alors par l'esprit que mon sylphe, mon correspondant mystérieux, auquel je songeais, entre temps, pouvait ressembler à ce mirliflore de la Grand'Salle, et je sortis avec une mine d'une aune.

Quelques jours après, je reçus de mon sage notaire un billet poli, par où il me priait de lui faire l'honneur de passer chez lui ; et j'y fus, comme l'on pense. J'avais beaucoup métaphysiqué, en moi-même, sur un monde nouveau que cette belle et paisible physionomie avait comme envie de me révéler.

Quand j'entrai dans la logette que mon marou-fle de Bazochien nommait avec une révérence de gobe-mouche, — et l'on eût juré qu'il nommait la Sainte-Chapelle tant il en avait de fierté, — *le cabinet de Maître Quatremère,* je ne remarquai pas qu'il y avait un personnage inconnu dans un coin de cet endroit fort sombre. La première fois que j'y vins, j'avais été tellement subjuguée par la nouveauté de cette physionomie notariale que je n'y avais vu rien autre. Aujourd'hui cela me parut froid et sombre, et le plus mal nippé des logis, avec un fauteuil ravitaillé d'un vieux lambeau de *verdures* qui montrait la trame, et des chaises toutes roides en bois déteint, et dont le siège dressait sa paille usée en guise de chevaux de frise; et tout autour des livres au dos fendu, des cartons, qui ressemblaient à des cercueils de très petits enfants; enfin, pour achever de peindre, cela sentait le moisi et le pourri, à lever la gorge. Il me vint en l'imagination que c'était peut-être cela l'honnêteté, et ne voilà-t-il pas mon esprit de guêpe qui se met à bourdonner autour de l'épouse de cet honnête homme, tant et si bien que me voici convaincue que c'est une femme acariâtre, une dame pimbêche qui est mal chaussée, qui ne se lave point, ayant dans les yeux un soupçon de louche et que cela encore c'est l'honnêteté.

Je m'avançai vers Me Quatremère avec une sorte de gravité un peu triste et comme en le plaignant.

— Je songe à vous, Monsieur, et vous pouvez gager que vous m'avez tenu compagnie fidèlement... Mais, repris-je brusquement, il vous faut, s'il vous plaît, me dire si Madame votre épouse est aimable, et si vous avez beaucoup d'enfants. Je ne voudrais pas vous blesser, continuai-je toujours volubile ; car, au vrai, je n'ai jamais rencontré un visage qui m'ait suggéré tant de pensées, mais je vous supplie de ne me rien cacher de ce qui concerne les habitudes intimes de Madame Quatremère. Au fait, cela vaut mieux. Présentez-moi à elle, sous le titre que vous voudrez, de telle sorte que je puisse vivre dans son intimité. Elle m'apprendra ce qu'elle sait, moi je lui apprendrai ce que je sais. Nous en serons tous plus heureux, vous surtout, Monsieur ! Je vous en supplie. J'apprendrai ce que c'est au vrai que la vertu. Madame Quatremère se perfectionnera dans la danse, la musique et l'art de lire, et vous en aurez une épouse plus aimable.

J'étais folle. Le notaire touché, indigné, effrayé, était à peindre; et Stella se présentant pour être la compagne d'une bourgeoise vertueuse, c'était pour en mourir d'étonnement.

Un éclat de rire retentissant me mit plus bas que terre, en me montrant brusquement combien j'étais ridicule. Mais on n'aime pas ces apercevances. Je me retournai donc comme un chat en colère.

Je vis devant moi une physionomie que je connaissais un peu. Pourtant elle me saisit, comme si je la voyais pour la première fois; et elle tranchait non seulement avec la figure un peu moutonnière de mon saint de bois de notaire, mais avec tous les roués de la Cour et de la Ville que je hantais. Mais ma première pensée fut que j'avais vu jusqu'ici des courtisans, des philosophes, des financiers, des écrivains, des comédiens, et que je voyais un homme.

Il riait d'autant plus qu'il avait, par politesse,

fait cent efforts pour se maintenir, et si franchement que me voici à mon tour emballée en un fou rire, et que le notaire se met de la partie. Cela était tellement hors de décence et une telle pasquinade en un tel lieu, que les petits tombeaux d'enfants, en carton vert, qui tapissaient cette logette, m'en parurent tourner au gris sombre.

Ce beau rieur était un gentilhomme jeune, de haute et riche taille, d'une physionomie ouverte, hautaine et hardie, avec je ne sais quoi de ricaneur, de caustique et de méprisant et d'insouciant qui atterrait et remontait. Il avait l'air d'un crâne plus que d'un petit-maître, et d'un militaire plus que d'un homme de cour. Il me plut à l'abord, et je tremblai en moi-même. Mais, au second coup d'œil, il me vint en imagination qu'il y avait en lui du brutal enflammé. Je me dis que ce n'était pas lui qui adoucirait ma tigrerie. Car, et cela est encore un aveu qu'il faut faire avec humilité, je ne voyais pas un homme de quelque rare prestance sans me demander si c'était lui qui aurait mes bonnes grâces *virginales*. (C'est un mot qui paraît joli et je puis dire que c'est le bon d'*Arnaud* qui l'employa le premier, en 1786, dans les DÉLASSEMENTS DE L'HOMME SENSIBLE). Je tremblais donc chaque fois que je rencontrais un homme qui me plaisait, et quand je lui trouvais un défaut haïssable, j'en étais ravie comme si j'avais gagné une grande victoire. C'est que ne me sentant appuyée par rien, ni par morale ni par religion, je me disais qu'il faudrait bien finir un jour par tomber, et je redoutais, à chaque heure, que ce jour maudit par ma fierté ne fût venu.

Quand je compris que ce gentilhomme n'était, pour le momënt du moins, pas dangereux, et qu'il ne fallait pas encore faire hurler le tocsin des princes Cantabres, je me laissai aller à l'attrait. Je courus vers lui — c'est sans exagérer — emportée dans mon tourbillon d'effronterie comme une cousine de vendange, et je lui dis en lui faisant une belle révérence :

— Au vrai, quand j'ai eu l'honneur de voir maître Quatremère pour la première fois, il m'a paru qu'il représente Philémon et Baucis à lui seul, tout du même coup, et en vous voyant, Monsieur, je n'ai pu me retenir de songer à un régiment envoyé au quartier de rafraîchissement.

Il resta saisi comme un fondeur de cloche, et, ma bonne vérité, comme cela n'avait ni pied ni tête, on comprend qu'il fut interloqué malgré qu'il eût du sang-froid à faire un hollandais quinaud.

M. Quatremère nous ramena. Il me nomma ce gentilhomme. C'était le chevalier de Sanghehem, l'unique fils et héritier de mon ennemi le marquis. Je le connaissais. On se rappelle en quelle circonstance je l'avais vu.

Il se passa entre nous une comédie à dérouter les Sept Sages. Nous ne sortions pas de ceci : Il ne voulait rien recevoir de moi, et moi je ne voulais pas tenir un héritage de son père. M. Quatremère n'en revenait pas de voir des gens se disputer comme des dogues enchaînés, et jouer à qui n'aurait pas cent mille livres de rente. Il en était pétrifié, puis il regardait autour de lui ses petits cartons comme s'il se fût attendu à ce qu'ils se missent à crier sur nous le grand haro.

Nous tenions bon, avec une politesse qui semblait prête à se terminer par un grincement de dents. Au fond, bien que je ne voulusse pas qu le chevalier se revirât du côté de l'amour, je voulais, je ne sais pourquoi, qu'il eût pour moi du bon vouloir. Je compris bientôt que je lui revenais fort, et que, surpris de ne pas voir en moi cette impure caillette dont on parlait, il ne pouvait se retenir de m'estimer.

Après un combat opiniâtre où le sage M. Quatremère, reprenant ses esprits notariaux, fit les cinq sens de nature pour nous aider à nous accommoder, nous ne pûmes, ni l'un ni l'autre, tenir notre fier, et battîmes en retraite, chacun d'un côté. Le chevalier reprit tous les biens de sa famille, et moi je fus muguetée de l'hôtel de la rue Péronelle, avec tout ce qu'il contenait comme meubles, tableaux, argenterie et bijoux.

Ce que j'en fis, ce fut pour ne point paraître une sotte bourgeoise obstinée et pour lui laisser croire qu'il me gratieusait. Au vrai, il eût fallu une grosse fortune pour occuper cet hôtel. Le temps s'en allait où l'on pouvait louer de riches maisons comme celle-ci, les gens sages commençant à tourner vers l'émigration, pour n'être pas injuriés, pillés ou brûlés vifs. Je fermai l'hôtel comme si c'eût été la caverne des quarante voleurs, en attendant que je rencontrasse un honnête gardien pour l'y claquemurer.

Ce fut ainsi que je fis connaissance avec le chevalier de Sanghehem. Je fus longtemps sans le revoir, ne voulant ni le recevoir ni répondre aux compliments et remerciements qu'il m'adressa. J'eusse été bien fâchée de l'aimer. Toutefois je n'étais pas sans penser souvent à lui.

Il fut le premier des mortels que j'eusse voulu qu'il sût... Mais j'étais destinée à le revoir pendant la seule journée où je fus vraiment une jeune fille, avant d'avoir pris, pour m'acoquiner à la vertu, le grand détour de la charrette de la Reine et de mon Père Capucin.

Ce fut huit jours après ce second trait d'amour entré dans mon cœur, et point du tout poignant encore, que j'eus des nouvelles de mon père, de la façon inattendue que je vais dire.

IV

1789.

Peu de temps après cette connaissance que je fis avec le chevalier de Sanghehem et M. Quatremère, un matin, — j'ai bon souvenir que je répétais sur le clavecin les ariettes d'une comédie de MM. *Hoffman et Méhul*, et qui ne fut jouée que l'année suivante : *Euphrosine, ou le tyran corrigé*, qui était en vers et en cinq actes, — ma fille de chambre, Annette Gallet, entra tout effarouchée. Elle me vint dire qu'il y avait là dans l'antichambre un couple de sauvages qui menaçait de mettre tout à feu et à sang si on ne leur permettait pas de me voir, et en surplus qu'ils m'apportaient des nouvelles de mon père.

Je me levai d'un bond, et je courus, hors de moi, coifféé comme par le vin de Champagne. C'étaient Cameramero et son épouse, solennels, sombres, effrayants comme des revenants de romans anglais. Ces personnages lugubres, et qui, dans leur gravité, paraissaient hauts comme les nues, commencèrent par me baiser les mains, ainsi qu'à une idole; et ce fut pour Annette Gallet l'occasion de tomber en pamoison.

Moi j'en restais comme un épouvantail de chennevière. Je ne les avais jamais vus et je les reconnaissais, c'est-à-dire que j'avais comme une vision de miroir magique et qu'en les apercevant je revis tous les visages que j'avais eus sous les yeux étant enfant, et tous les paysages, et toute la vie que j'avais menée alors.

Ils m'annoncèrent sans précaution aucune, me croyant fort au-dessus de la sensibilité de la nature humaine, que mon père était mort. Au moins je ne raconterai pas ce que je souffris. J'ai toujours admiré ce qu'on dit de cet Ancien dont j'ai oublié le nom, pour cette raison que je ne l'ai jamais su, et qui mettait son manteau sur son visage pour pleurer.

J'ordonnai, sans plus vouloir entendre, à mes deux basques bohémiens de me laisser en paix jusqu'au lendemain.

Ils revinrent donc et me dirent que mon père, qui avait repris son rang de roi de la tribu, avait décidé de ne me revoir pas avant d'avoir amassé une fortune considérable. Il était mort d'accident avant que son projet fût réalisé. Quel accident ? Cela ils ne le dirent pas et ne le voulurent point, quoi que je fisse. Et je dirai, une fois pour toutes, que, bien qu'ils soient prêts à se jeter au feu sur un signe de moi, je n'ai jamais pu leur faire dire ou faire ce qu'ils ont mis dans leur tête de roche de ne point dire ou faire. Cela est enrageant, que je sois obligée, moi qui suis volontaire comme une bête fauve, de céder à des domestiques, sans cesse, et sans pouvoir faire autrement, tant ils sont dévoués.

Ils m'apportaient, à titre d'hoirie, cent mille livres qu'il avait gagnées. Je crois bien que la contrebande n'y avait pas nui. Mais je ne m'en inquiétai guère. Ils ajoutèrent que mon père avait des associés qui continuaient son commerce — et il n'y eut pas moyen de savoir quels ils étaient — et qui devaient m'envoyer de temps à autre quelques sacoches bien garnies.

Mon père les avait chargés de me dire, en tout et pour tout, de ne pas oublier ses leçons et que je suis reine et d'une famille qui a protégé César et Charlemagne. Ils me remirent un morceau de fer, d'une forme irrégulière et à moitié rongé par la rouille, où il y avait écrit en espagnol : l'HONNEUR.

Pour eux il leur avait ordonné de venir me trouver, de ne plus me quitter. C'est à quoi ils étaient sûrement décidés, quoi qu'il m'en plût. Ils étaient d'ailleurs proches parents de la vieille bohémienne qui m'avait élevée et cela leur valut mon amitié, en outre de ce qu'il est toujours agréable d'être adorée et servie comme une princesse.

Ils me remirent les cent mille livres, et j'eus pour première pensée d'envoyer Mero remettre au chevalier de Sanghehem le contrat de rentes de mille écus que je tenais de son père. C'est ce que je fis, et je ne m'en inquiétai point davantage et jamais le chevalier ne m'en parla. Nous sommes faits l'un et l'autre pour laisser à la livrée et aux traitants ces questions d'argent.

J'avais, sachant que c'est la première loi de la liberté, pris l'habitude de me réduire au plus étroit nécessaire. J'avais pour tout domestique cette Annette Gallet qui fut un instant danseuse figurante au théâtre de la Cité : une jolie fille, qui me fut bien fidèle, qui s'enrichit fort à mon service, et qui n'était pas trop muguette, comme la plupart de ces espèces; et en outre d'elle, un valet, traître et voleur, qui faillit me livrer pieds et poings liés, comme je le dirai bientôt. C'était tout, et ce n'était pas sauter plus haut que ses pieds pour une femme qui avait hier cent mille livres de rente.

J'étais toute en pompe, en rubans, en falbalas, et tout mon argent voyait le jour. Je vivais à part moi, comme les filles de ma race, avec du pain et de l'eau claire, et j'étais meublée comme un ermite. Personne ne vint jamais chez moi. Mais avec les mille écus de M. de Sanghehem et ce que la comédie me donnait, et beaucoup d'habileté et d'esprit et de goût original, j'arrivais à avoir une toilette dont on parlait parfois. Cela suffisait, et je ne faisais pas mauvaise figure, quoiqu'étant sans bijoux, dans les orgies où j'assistais toujours, aussi curieuse, effrontée, froide, que la pendule qui paraissait nous regarder, mais plus bruyante ; car je payais mon écot non pas, comme les autres filles, en coquetteries, mais en enragement et diablerie d'esprit.

Pour en finir avec cette question de fortune, mes deux bohémiens reçurent bientôt assez d'argent pour qu'ils achetassent une maison dont la sauvagerie et la physionomie de forteresse leur plurent sans doute et qu'ils achetèrent sans m'en prévenir. Elle est située dans la rue de Vaugirard, et c'est celle où je me réfugiai pendant la Révolution, et où je demeure en ce moment. Ils reçurent assez d'argent en outre, pour que je pusse en prendre à mon aise du théâtre et acheter les jolis meubles, les bijoux et objets précieux dont, au fond, j'étais coeffée et dont je ne m'étais privée que parce que mon orgueil de ne pas les avoir était plus grand que mon désir de les posséder.

Mes deux bohémiens me racontèrent ou plutôt me rappelèrent toutes les histoires de ma famille et de ma tribu, et ils faillirent mourir de joie quand je leur permis de poser leurs lèvres sur les signes qui ornaient le haut de mon épaule. J'ai cru qu'ils se pâmeraient. Cela se termina par pleurer, ce qui était fort comique sur ces visages de saints de pierre. Cela devait leur arriver pour la première fois de leur vie tant ils faisaient d'étranges grimaces, et ne leur arriva jamais plus. Ils me confirmèrent ce que je savais déjà, qu'il y a à Paris et dans plusieurs autres endroits de France, et, en surplus, du monde, bien des gens de notre race, qui sont généralement des gueux et des coquins, artisans, commissionnaires, cochers, voleurs, mendiants, quelques-uns banquiers et notables commerçants, tous s'entr'aidant et prêts à aider la fille de leurs rois, jusque-là qu'ils lui sacrifieraient de leur fortune et quasiment leur vie ; ce à quoi, d'ailleurs, ils sont un peu poussés par la crainte, en ne le faisant pas, d'être punis ou assassinés, ce qui est un grand conseil pour engager même des financiers à la générosité.

Ils m'indiquèrent les signes et les paroles d'appel auxquels mes sujets doivent obéir. Tout cela me parut bien de la cour du roi Pétaud et des contes dont on berce les petits enfants. Mais je me laissai dire doucement. De fait, c'était vrai, comme je le vis et comme on le verra en cent circonstances de la Révolution, et à quoi je dois d'avoir échappé aux plus grands périls et affronté des scélérats comme Saint-Just et les autres, qui étaient vaillants, parce que, voyant toute la France trembler devant eux, ils croyaient n'avoir rien à craindre. Mais je les vis pâlir devant moi quand ils sentirent que leur vie était dans ma main ou plutôt dans la main de cette bande de loqueteux inconnus.

Pour en finir avec mes deux bohémiens, je vis bientôt qu'il leur fallait laisser la bride sur le cou et faire ce qu'ils avaient mis dans leur tête de pierre. Du reste, exactement à ma dévotion, e me conseillant jamais, ne me blâmant pas, ne s'étonnant pas si j'eusse eu dix amants, prêts à se jeter au feu au moindre de mes signes, supportant mes colères les plus folles sans mot dire, me traitant comme un enfant gâté et une reine adorée, mais impassibles, muets, obstinés quand ils avaient dû, avec réflexion et sagesse, décider que telle chose devait être faite par eux. Ils étaient prêts également à partir si je les eusse chassés, mais à s'installer dans mon voisinage, à veiller sur moi, à me défendre, à deviner tous mes désirs et à m'entourer d'une nuée de surveillants et de protecteurs.

Tout ce que je pus faire pour n'être pas absolument l'esclave de ces esclaves-là, c'est de les loger dans cette maison-ci et de garder mon appartement.

C'est à cette époque que je courus grand risque de donner dans ma trompette le vent révolutionnaire qui soufflait.

Je venais de jouer les *Solitaires de Normandie*, qui était un opéra-comique en un acte et en vaudevilles de M. de Piis. Je n'avais pas été contente de moi. L'auteur songeait à me faire une suite, qu'on joua en effet en 1790. Je voulais me rendre compte de mon peu de succès, et j'allai vers Mlle Maillard, qui était alors, — Mlle Saint-Huberti voyageant souvent, — la seule haute-contre de l'Opéra, et une musicienne véritablement très savante. Elle demeurait dans un quartier où l'on ne mettait pas les pieds, et je ne dirai pas ce qui l'y poussait. C'était la rue d'Orléans, dans le faubourg Saint-Marcel, derrière un hôpital qu'on nommait, si j'ai bon souvenir, la Pitié. Je rencontrai là une belle fille qui avait quelque chose de masculin, qui était Mlle Aubry, devenue ensuite figurante de chœur à l'Opéra. J'appris plus tard que ces deux filles, dans les orgies que le vieux prince de Soubise donnait dans sa petite maison de Pantin, faisaient rougir même les Guimard, les Coulon, les Saint-Huberti, les Sophie Arnoult, les Laprairie, même Laclos, même Champcenetz. Ce sont pourtant ces deux vilaines que les républicains choisirent pour en faire leurs déesses, et c'était bien fait et fort bon pour eux.

Mais alors fort en colère de l'insolente débauche où je voyais beaucoup de grands seigneurs, j'étais plutôt bien disposée envers la Révolution. La société que je rencontrai chez Mlle Maillard, que je ne croyais pas alors plus galante que la plupart de mes compagnes, et cela me laissait fort indifférente, faillit à m'y tourner complètement.

Cette Aubry, qui demeurait rue Saint-Martin,

avait rencontré quelque part dans ces beaux quartiers une coquine de femme d'imprimeur ; et c'était Sophie Momoro, qui était édentée comme une sorcière et sentant mauvais comme un fromage, d'ailleurs joliette et mignonne tout autant qu'était bâtie en fort de la Halle cette grande statue d'Aubry. L'imprimeur était un turbulent bavard de faubourg, et l'épouse, qui devait bien quelque compensation à son mari, portait à la ville tous les bavardages des Desmoulins, des Barbaroux et autres précurseurs de la Révolution, amis de ce mari. Ce fut la troisième déesse de la Raison. C'était elle qui avait empesté la compagnie qui se réunissait chez Mlle Maillard et où ne tardèrent pas à figurer Théroigne de Méricourt, Olympe de Gouges, Rose Lacombe, et les autres conductrices des héroïnes du 6 octobre, les autres coryphées des furies de guillotine.

L'excès de la mauvaise renommée de ces vilaines et malpropres déesses, en venant jusqu'à moi, m'aurait sans doute éloignée d'elles. Toutefois, il faut reconnaître que ce fut à M. le Duc de Coigny que je dus mon attachement pour la Reine. Mais avant de toucher cette corde, voici encore mon inconnu.

J'avais obtenu du premier gentilhomme de la Chambre la permission de ne point paraître en scène pendant quelque temps. Je le passai à ravauder les souvenirs de mon enfance, les légendes des Bohémiens et la chronique des Basques avec mes deux sauvages, qui ont le talent le plus décidé pour ces récits.

Au bout de huit jours je reçus un billet d'une écriture que je connaissais bien. C'était mon sylphe.

« Mademoiselle, m'écrivait-il, je travaille de « mon mieux à vous oublier et à vous mépriser. « Je n'y puis parvenir. Mais si l'homme n'est pas « maître de ses sentiments, il peut l'être de sa « volonté. Je m'étais bien promis de ne plus « vous écrire ; et voici que je manque à ma pro- « messe. C'est que, ne vous voyant plus en « scène et vous ayant rencontrée en habit de « deuil, j'ai deviné que vous avez perdu un être « qui vous est cher. Serait-il possible, made- « moiselle, que la douleur vous ait apporté, avec

« la réflexion, la sagesse et le remords. Je sais « que la Providence se sert souvent de la souf- « france pour ramener à la vertu les âmes nobles « et égarées. Et comment la Divinité pourrait- « elle abandonner une âme comme la vôtre, qui « est, j'en suis certain, la plus parfaite qu'elle « ait jamais créée. Ah ! quittez ces lieux maudits « et empestés que vous hantez. Je vous aime « tellement que j'oublierai tout. Nous irons en- « sevelir notre bonheur loin de cette ville funeste. « Je vous demande, comme gage que vous voulez « bien accepter, avec mon amour, mon nom et « ma fortune, d'être un mois sans rentrer au « théâtre. Alors je me présenterai à vous, et je « vous aime tant que je saurai bien me faire « chérir de vous. »

Il y avait, en cela, quelque chose qui sentait la folie et qui, pourtant, me touchait par son air de vérité et de sincérité. Nous n'étions pas habituées, au milieu de nos libertins, de nos éventés, de nos caustiques, à cette simplicité bourgeoise, mais à du persifflage attérant, à une recherche d'esprit dont la finesse ne cachait pas beaucoup l'insolence et le libertinage. Dans cette lettre il y avait aussi des pensées que je ne comprenais pas. Ainsi je demandai ce que c'était que la Providence à Rivarol qui faisait un dictionnaire françois. Il me répondit que c'était un mot de dévot. Cette explication donna du dessous à mon inconnu, car les philosophes avaient si bien manœuvré que rien n'était plus avilissant que ce mot *dévot* qui revenait à dire tout simplement hypocrite, ridicule, malfaisant et malpropre.

Je ne voulais, d'ailleurs, pas le tromper cet amoureux, tout ridicule qu'il me parût en ce moment, et il faut dire que, malgré tout, je l'aimais un peu. — Je rentrai à la Comédie plus tôt que je n'avais décidé.

J'y trouvai toutes nos sirènes minaudant, manégeant, muguettant, montées en grand train de coquetterie.

— Diantre, dis-je tout haut la première fois que je mis les pieds dans nos coulisses, il me semble que j'entre dans les jardins de Circé ! Qui est-ce donc qu'on veut changer en bête ?

Mais chacune me fit une moue d'une aune. Les

filles de la Comédie n'aiment pas ces apercevances, et, en surplus, j'étais une concurrente et qu'on croyait redoutable. Au vrai, qu'y avait-il donc de nouveau ?

Il y avait un nouveau venu, un seigneur qui s'avançait pour la première fois au milieu du plâtrage de notre jardin d'Armide. Il y était amené par Tilly, le *continu* d'Adeline, comme je le nommais. Ce nouveau venu avait mis toutes les minauderies en grand branle, et c'était la chasse à la chair fraîche qui commençait. Comme on avait couru sur moi, quand j'arrivai, on courait sur lui. Mais c'était la chasse retournée, et cette fois c'étaient les chasseresses qui décochaient les traits.

Il avait, pour tout dire, un air qui ravissait en étonnant : c'était un air calme et de paisible politesse qui tranchait avec l'attitude de pétulance et de persifflage, avec cet esprit toujours tendu, éventé, grimaçant et raillant qui était la vilenie du bel esprit de Cour et dont je faisais enrager Tilly en disant que c'était de la minauderie en culotte de soie. M. le duc de Coigny — et c'était le nom de ce débutant dans le troupeau de Circé — avait donc ce ton exquis du grand monde qui est divin quand il est joint à une belle âme, et que mes compagnes, ces filles galantes, sans beaucoup d'esprit, sans cœur et sans délicatesse, mettaient pourtant au-dessus de tout. Cette belle âme, il la possédait, avec une belle tournure, un cœur droit et bienveillant, que je devinai lestement, car j'avais pour cela l'instinct des sauvages.

Il ne tarda à irriter nos galantes en les déroutant. Il fit la cour à toutes, hormis à moi. Mais il arrivait ceci, que dès lors que celle à qui il s'adressait particulièrement menaçait de se laisser attendrir et battait la chamade, notre Clitandre s'éloignait tranquillement mais résolument comme s'il eût redouté, à l'égal de la peste, les charmes de la donzelle. Il s'adressait à une autre, avec qui il recommençait le même manège. On jacassait là-dessus comme si l'on avait été fouettée devant le trou du souffleur et c'était une rage de Petites-maisons.

Moi qui observais tout cela avec la curiosité que l'on sait, et qui ne suis point sotte, comme l'on sait aussi, je devinai l'emmiellure. Il faut dire que nous étions renseignées mieux que le lieutenant de police, sur ce qui se passait à la Cour. Toutes les bavarderies des courtisans venaient chez nous, avec une liberté de médisances et de calomnies qu'on n'avait pas très aisément ailleurs; et qui voulait écouter et réfléchir parmi nous ne tardait pas à connaître le dessous des cartes.

M. de Coigny avait au cœur un amour à la fois passionné et délicat, et c'était pour Mlle d'Andlau. Malgré tous ses soins pour le cacher, on l'avait deviné et on commençait à en jaser, d'autant qu'il était reçu alors en France qu'on ne pouvait aimer les Allemandes, à qui on reprochait d'avoir en leur ajustement quelque chose de gaulois, comme on disait; dans leurs manières un ton qui n'était pas celui de l'extrêmement bonne compagnie; et beaucoup d'autres sottes choses qu'il est inutile de dire. Tout cela était fort impertinent. Mais les Français étaient tellement admirés et enviés qu'ils en étaient devenus d'une suffisance à crosser. Comme avec cela ils étaient légers, gracieux, sans nulle méchanceté, ils ne soupçonnaient pas que cette admiration cachait une grande haine, et qu'ils étaient aussi exécrés qu'enviés. On le leur fit bien voir pendant l'émigration. Les Allemands notamment firent rage de les humilier plus bas que terre pour se venger d'avoir été regardés comme de très petits compagnons, comme des gentilshommes à lièvre ou des bourgeois de Saint-Denis.

M. de Coigny, qui avait conservé beaucoup de chevalerie, plus fréquente alors qu'on ne l'a dit, crut avoir trouvé une belle malice pour faire cesser les méchants bruits qu'on murmurait. Comme Mlle d'Andlau était fort avant dans l'intimité de la Reine, le voici qui simule pour S. M. une tendresse respectueuse et contenue, mais fort évidente. Marie-Antoinette fort bonne, avec un fonds de candeur et de bonhomie autrichienne, estimait fort en M. de Coigny cette noblesse de sentiments, cette délicatesse, cette réserve gracieuse que j'ai dites, elle qui était surtout excédée de l'impertinente vanité qu'elle voyait autour d'elle. Elle accueillait avec une affectueuse simplicité ces attentions un peu marquées, où elle ne soupçonnait pas qu'on put trouver à gloser, venant d'un homme de 45 ans.

Mais la bonne Reine était comme ces animaux dont j'ai entendu parler, et qu'on dit qu'ils trouvent des ennemis partout, dans les airs ainsi que dans les eaux. M. de Coigny vit bientôt qu'il était tombé de fièvre en chaud mal et qu'on murmurait de lui qu'il était le centième amoureux de Marie-Antoinette. Il craignit que le bruit n'en vînt aux oreilles du Roi, qui l'estimait fort ; et le voici qui rêve une intrigue comme on les voit dans les canevas de Gherardi et qu'Arlequin n'eût pas désavouée. Ce fut de se donner l'allure d'un libertin et de hanter les coulisses.

Il croyait qu'il lui suffirait de conter fleurettes. Mais ce n'était pas de ce bois que l'on se chauffait au foyer de la Comédie, et c'est à ce coup qu'il menaçait de tomber de Charybde en Scylla. Chacun et chacune de chercher le mot de cette conduite dont nos infantes étaient outrageusement excédées. Renseignée comme je l'étais, je ne tardai donc pas à comprendre que, assassiné de plaisanteries par les belles qui lui avaient fait l'accueil le moins effarouchant, il prenait justement la voie de compromettre celles dont il voulait, par ces semblants de débauche, sauver la bonne renommée.

J'étais la seule à qui il n'eût pas fait la cour. Je le devais à ma mauvaise réputation. Cela ne me touchait pas. J'étais indifférente à l'opinion de M. de Coigny, comme au jugement du reste des mortels. Mais il me passa par l'esprit une fantaisie des plus folles. Je me dis, très sérieusement, que c'était affaire à moi qui étais une reine de mendiants, de protéger la reine de France.

J'attendis de le rencontrer seul, à notre foyer; et une belle après-midi, que je ne vis personne à côté de nous, j'allai vivement à lui et lui dis brusquement:

— Monseigneur, permettez-moi de vous dire que vous jouez un jeu auquel vous n'entendez rien; et qu'il n'est pas possible de rêver un plus mauvais acteur.

— J'en suis convaincu de tout point, Mademoiselle, me répondit-il avec un calme parfait. C'est pourquoi je viens ici pour m'instruire auprès des maîtres.

— Auprès de mauvaises maîtresses, sans doute, car vous les avez interrogées toutes, et quand elles se montraient fort désireuses de vous répondre, vous avez pris la fuite comme si elles eussent toutes été d'accord pour vouloir vous enseigner à marcher sur les mains, Toutes y ont passé sans parvenir à vous plaire. Croyez-vous persuader aux courtisans qu'on vient ici pour goûter la conversation de Mlle Lescot, apprécier les sentiments de Mlle Defforges, et voir Mlle Adeline mettre du blanc sur son nez qui rougit. Mais c'est que tout le monde y a passé à ce feu de paille de vos adorations, et votre dent a tout mordu sans rien goûter, non seulement la gentille Rose Renaud, la belle Cretu et l'aimable Saint-Aubin qui sont du fruit vert et brillant.

Il s'inclina avec un geste d'assentiment poli.

— Non seulement d'Avrigny et Carline, qui sont du fruit mûr et velouté, non seulement Desbrosses, Lescot et Adeline qui sont du fruit... avancé, mais parfumé. Il n'y a pas jusqu'à Gontier et du Gazon ! Ces deux vieux mouvements de Genève n'ont pas été à l'abri de vos incursions... trop prudentes. Il est vrai que, dans ce dernier cas, la prudence était sage, et qu'on a compris l'hésitation.

Il sourit discrètement. Car il y avait en lui de cette délicatesse française pour qui toute femme est une. . comment dirai-je ? une *dame*, même si elle est vieille, laide et... aventurée.

— Voyons. La scène représente Messer Capitan qui entre en scène en jurant qu'il va sauter un abîme, il arrive, en fanfaronnant, jusqu'au bord, il s'arrête, hésite, retourne sur ses pas et recommence, et cela dix fois. Que s'en va faire le public ? Il commence par rire, puis il se fâche et il crie que voilà un poltron. Mais un spectateur plus malin s'en va réfléchissant : « Mais je le connais ce personnage, ce n'est pas un poltron. C'est un crâne, un brave à quatre poils et qui a battu la calabre ; ce qu'il fait donc c'est un jeu. » Là-dessus, après avoir fait des gorges chaudes du sire, on cherche quel intérêt il a à jouer ce jeu de barres qu'on ne touche jamais. Comprenez-vous, Monseigneur, la fin du discours?

— Je comprends toute la finesse de la discoureuse, répondit-il avec son aimable et inaltérable sourire.

— J'enrage, répliquai-je avec un de ces mouvements de franchisse si verte et si évidente que cela était une nouveauté, presqu'un monstre, dans ce monde où la fourbe était tellement à la mode; j'enrage d'avoir tellement mauvaise renommée qu'il ne m'est pas possible de crier casse-cou à un homme qui se jette dans un puits, sans qu'on voie là du manège.

— Vous êtes plus charmante encore que vous n'en avez la renommée, Mademoiselle. Serais-je donc, en effet, assez heureux pour avoir attiré votre attention à ce point!

— Vous n'avez attiré que ma pitié, Monseigneur, répondis-je comme une sauvage que j'étais, avec une brusquerie du plus mauvais goût et qui m'eût fait tourner le dos par tout autre. J'ai pitié de vous parce que je n'ai rien à faire que d'avoir pitié des gens et parce que je n'ai pas encore vu, après avoir hanté tout ce qu'il y a de moins plat-pied parmi les philosophes, de plus panaché parmi les courtisans, de plus leste parmi les bourgeois, de plus dépaperassé parmi les auteurs, non je n'ai pas encore vu une physionomie qui respire plus l'honnêteté dans son naturel et sa finesse. Je veux vous assister parce que vous jouez votre jeu avec une maladresse où le marchand du coin, lui-même, verrait les dessous. Et vous voulez, Monseigneur, que cette nuée de fines mouches, qui sont ici, de mauvaises guêpes, d'habiles fanfreluches dont le masque fait peau avec le visage et qui ont supérieurement le don de deviner des énigmes, ne voie pas ce qui éblouirait des yeux vulgaires.

— Ce don de deviner les énigmes, je ne l'ai pas sans doute, Mademoiselle, car vous me voyez devant vous pétrifié...

— Comme devant toutes les autres !

Il rit cette fois de bon cœur.

— Vous êtes trop séduisante, Mademoiselle, pour que je ne me prête pas de bonne grâce à la fantaisie qui vous prend de vous moquer de moi.

Je haussai vivement les épaules et je fis un pas pour m'éloigner, en murmurant :

— Après tout je ne suis pas la gardienne des diamants de la couronne.

Il posa doucement et respectueusement un doigt sur mon bras et me regarda fixement dans les yeux. Il y vit sans doute quelque chose d'inattendu en honnêteté. Il me poussa par un geste, toujours doux et respectueux, dans un coin plus solitaire du foyer, qui commençait à n'être plus vide.

— Daignez vous expliquer, Mademoiselle. Je crois que vous ne voulez pas vous moquer des gens.

— Mais cela est simple comme le foin. On ne peut admettre qu'il n'y ait pas ici d'objets dignes de vos tendresses. Votre conduite est donc sans explication et, ce qui pis est, sans excuse. Maintenant rappelez-vous que tous les bruits de la Cour et surtout les plus vilains ont leur échos ici. Si bien qu'on commence à dire que vous y êtes venu que pour cacher un amour... dangereux, pour enlever des visions à un époux à qui les ennemis de M. de Coigny voudraient persuader que son dévouement tendre est de l'idolâtrie et que ses attentions trop marquées sont les signes de l'amour heureux. M. de Coigny s'est donc dit qu'on ne l'accuserait plus de passion à Versailles, s'il ne quittait plus ces sirènes plâtrées de la Comédie-Italienne! Seulement quand quelque bonne âme pourra dire à cet époux... puissant que M. Coigny vint ici uniquement pour respirer l'air frais et parfumé qui sort du magasin des costumes, cet époux, si débonnaire qu'il soit, ne se demandera-t-il pas quel intérêt cet aimable duc peut avoir à simuler pour la vieille du Gazon une passion tellement désespérée qu'elle l'anéantit et en fait, en face de toutes les infantes de la Comédie, le chevalier de la Triste-Figure. Voilà comment une fausse parade découvre la poitrine des gens. Eh bien! écoutez-moi bourgeoisement. Vous avez besoin d'une maîtresse postiche, moi je veux avoir un amant de paille. Nous pouvons nous entendre. Je protègerai votre fidélité, défendez mon indépendance.

Il ne me répondit pas, et son aimable sourire

ne quitta pas ses lèvres. Mais à partir de ce jour-là, il ne parut plus songer qu'à moi. Il était sans cesse à mes côtés. Sa voiture se promenait souvent dans ma rue, s'arrêtait devant ma porte, dont il ne franchit jamais le seuil. Il s'afficha plusieurs fois à mes côtés aux Champs-Élysées.

Jamais je ne rêvai un homme plus poli, d'un cœur plus généreux, d'un esprit plus présent pour la courtoisie et la délicatesse. Je le comprenais bien, et il ne me comprenait en aucune sorte. Je ne fus pas tentée de l'aimer, en ce temps-là. Mon cœur plein de haine contre le marquis de Sanghehem en reportait alors une partie contre tous les grands seigneurs. Mon orgueil consentait à les protéger, mais mon esprit sentait toujours une sorte de méfiance qui empêchait l'abandon de l'amour. Mon imagination papillotait aussi autour de mon inconnu et du Ch[er] de Sanghehem. Cela encore me protégeait. M. de Coigny m'eût-il aimée, si je l'eusse encouragé? Ma bonne vérité, j'en doute. Il poussait l'idolâtrie jusqu'à la fidélité ; et il mourait du désir que la comtesse de Châlons — c'est le comte de ce nom que Mlle d'Andlau avait épousé — fût veuve pour, étant veuf, lui-même, l'épouser, comme il l'a fait depuis.

Nonobstant le duc s'attendrissait visiblement auprès de moi, et dès là je fus décidément sauvée, comme il nous arrive vis-à-vis des hommes que nous n'aimons pas, et qui, en faiblissant devant nos charmes, développent en nous un orgueil qui nous empêche de tomber.

Tant il y a que M. de Coigny était fort aise près de moi, et il paraissait tout autant réjoui que surpris de tout ce qu'il voyait, en ma bohèmerie, de primesautier et d'inattendu. Toutefois il était prodigieusement obsédé d'une idée. C'est que j'étais petitement logée, et n'étalant aucun luxe de toilette. Cela lui mettait du papillotage dans la tête, parce qu'on lui en battait froid dans les mauvaises compagnies de la Cour..

En effet, tous ces seigneurs débauchés nous voulaient par vanité. La plupart de ces donzelles pour qui ils se ruinaient et s'entretuaient, étaient les filles de leurs laquais ; ils ne les eussent point regardées alors ; mais, moyennant qu'elles étaient devenues plus vieilles, plus laides et débauchées, ils étaient à plaît-il maître avec elles. La vanité de ces petits-maîtres, de Versailles comme de la bourgeoisie, se répandait en dentelles, bijoux et toutes les fanfreluches de la grande comme de la petite oie. De plus il fallait qu'ils logeassent toute cette cupidonerie reteinte et plâtrée, comme des princesses.

C'était un singulier monde que j'observais souvent les dents serrées, et je n'en eusse pas voulu à la Révolution d'enlever à ces mirliflores les bijoux qu'ils pendaient à ces oreilles de chèvres. Mais elle les remplaça par des espèces qui valaient pis encore, et qui étaient, outre leur grossière débauche, malpropres, hypocrites et stupides. En surplus, il faut dire que Guimard, Duthé et les autres impures de l'Ancien Régime, n'étaient pas aussi avilies que les impures de la Révolution : cette araignée lépreuse de Théroigne qui voulait représenter la France en parlant la langue française comme une vache de l'Escault ; cette effrontée comédienne de province, Rose Lacombe, avec son club du Charnier des Innocents, son bonnet rouge et sa bande de guenippes en pantalons couleur de sang; cette puante et édentée Sophie, la maîtresse de Momoro, et toutes les autres drôlesses qu'on sait et dont les républicains firent des déesses; et encore une fois c'était bien fait pour eux.

M. de Coigny me disait donc que c'était une huée sur lui et qu'il était clabaudé à la mort pour avoir une maîtresse en si modeste équipage. Je me contentais de lui répondre que cela n'était pas le saint de mon évangile. Mais il en vint à insister jusqu'à un degré de trop d'obstination. Je lui ris au nez.

— Vous me la baillez belle d'offrir des cadeaux à une infante qui a un hôtel plus richement nippé que le vôtre peut-être, Monseigneur, et qu'elle ne daigne pas habiter et, en outre de cela, une petite maison de faubourg, dont elle ignore même la situation exacte. Je m'attends à ce que vous m'allez gracieuser de quelques louis d'or.

J'éclatai alors de rire, comme jamais Dorine n'a su faire mieux.

— Sachez, grand prince, que, tout dernièrement, je faillis tuer un notaire de Paris parce que je refusai un héritage de cent mille livres de rente.

Il fallut lui raconter le tout. Cela se répandit et alla jusqu'à la Reine. Car c'était le triste de ce temps-là que la Reine avait pour serviteurs, pour amis même, tant de gens occupés de nous, qu'elle était forcée de nous connaître. Pour dire le vrai, comme elle était portée vers le théâtre et Autrichienne, elle n'avait pas pour les comédiens le dédain qu'on eût cru.

M. de Coigny tenait toujours bon sur la position ridicule que je lui faisais en n'acceptant rien de lui.

— Bon, bon, répondez que je vous aime pour vos beaux yeux, et Mme de Châlons vous en aimera davantage, de voir qu'une fille de la Comédie se réduit au plus étroit nécessaire en l'honneur de votre belle mine.

Je ne sais pas pourquoi j'aimais à le lutiner, lui si délicat et discret, à propos de cette belle dame d'Alsace. Au moins je ne faisais jamais même une allusion à la Reine. Il le remarqua, et me demanda comment, en un moment où il était de mode de décrier les princes, la Reine surtout, j'étais toujours respectueuse.

— Mais, duc, je vous l'ai déjà dit, c'est que je suis une reine moi-même, et que je me respecte en respectant ceux qui règnent.

Il fallut cette fois lui raconter mon histoire, sans en passer un alinéa, et je me magnifiai de mon mieux. Cela encore vint aux oreilles de la Reine et, du reste, de tous les courtisans.

Ma renommée de bizarrerie s'en accrut à faire tomber les murs du Louvre. J'en devins plus détestée et plus respectée par mes compagnes et mes compagnons, et beaucoup plus poursuivie encore par les petits-maîtres, jusqu'à être forcée de veiller très attentivement, comme en une forêt de Bondy. Cette vigilance, qui me tenait en état de fièvre et comme de guerre m'engagea à ne pas abandonner le théâtre, lequel commençait dès lors à m'excéder prodigieusement et où, pour dire le vrai, je suis restée, à condition d'en prendre à mon aise et uniquement afin d'être absolument libre.

Je ne sais pas par quelle sotte volonté d'opposition contre la Reine on avait décidé de reprendre une parodie d'*Iphigénie en Tauride*, composée, en 1779, en trois actes, en vers, avec des vaudevilles, — par MM. *Favart, Guérin de Frémicourt* et *Prot*. Les *Rêveries renouvelées des Grecs*, cela ne tournait à rien, et, sachant qu'il y avait anguille sous roche contre la Reine, je refusai avec colère d'y prendre un rôle.

Comme j'avais repris de plus belle d'être à la mode, on n'osa pas me faire trop grise mine et l'on m'offrit l'*Heureuse Inconséquente, ou la Fausse Paysanne*, pièce assez creuse de MM. *de Piis et de Propiac*, mais où il y avait de jolies ariettes et des choses qui s'appliquaient à moi.

Mais je ne prêtai guère attention à ce cailletage écrit. Je voyais que j'allais avoir un rude assaut à soutenir, un grand danger à courir, je voulais être seule pour l'affronter et n'y pas entraîner un homme qui n'était venu à moi que par grimace et mascarade. M. de Coigny avait déjà dû donner quelques coups d'épée à de jolis muguets qui se vantaient d'être du dernier bien avec moi. L'honneur l'y forçait, et quelques coups d'épée, c'était le pain de tous les jours. Mais je m'en fusse voulu de l'associer à un véritable danger quand il n'y avait aucun droit et que je ne voulais pas l'en récompenser.

Je commençais — il faut tout dire — à comprendre qu'il était temps de cesser le jeu d'allumer le feu quand on ne veut pas se chauffer. M. de Coigny en était venu à prendre avec moi un ton de cérémonie tendre où il était irrésistible et qui m'allait au cœur. Je devinais que sans s'en douter il marchait à m'aimer pour tout de bon. Je ne dis pas pour longtemps, car comment lutter contre deux rivales comme celles que j'eusse eues, contre les appels d'une amitié aussi auguste et les ressauts d'un amour aussi fidèle. Moi je m'étais préparée contre les assauts des effrontés et les tendresses de grimace, mais non contre un véritable sentiment, et c'était compter effrontément sur ma fierté que de supposer que je résisterais jusqu'à la fin de l'univers, dès lors que ce galant homme m'aimerait sincèrement et passionnément. Mais surtout, comme j'ai dit, je ne voulais pas qu'il fût tenu de me défendre. J'y suffisais. C'était avec joie que je voyais venir le péril, et surtout être seule à le combattre.

— Monseigneur, lui dis-je, un jour, tout brusquement, au moment où son coupé me ramenait chez moi, c'est la dernière fois que votre voiture vient céans ; la dernière fois que vous me tutoyez; la dernière fois, ajoutai-je, en riant, que vous êtes l'amant d'Estelle de Basoa. Faites donc une provision de condoléances et enivrez-vous une dernière fois de votre bonheur. Voici mes mains, je vous les donne à baiser pendant deux minutes. Vous, vous m'allez promettre d'être à mes ordres si j'ai jamais besoin de vous pour éviter l'échafaud. Et... nous ne nous reverrons plus.

Je n'ai jamais vu un homme anéanti comme lui. J'en eus pitié.

— Allons, mon pauvre duc, lui dis-je, consolez-vous et sachez que je ne vous donnerai pas de successeur. De plus, apprenez un secret, — mais j'en appelle à votre honneur pour être sûre que jamais personne ne le connaîtra à moins que vous y soyez forcé pour me sauver la vie.

Il était absolument atteré. J'éclatai de rire.

— Diantre, repris-je, que tout cela est mystérieux ! Vous allez croire que je vais réciter un morceau d'Anaximandre. Non, c'est sérieux. Apprenez donc, pour votre consolation, que, si vous n'avez pas de successeurs, vous n'avez pas eu de prédécesseur.

Je le regardai je ne sais comment, mais il y eut dans mon regard quelqu'étincelle magnifique, je ne sais quelle fierté glorieuse, quel souverain mépris de l'humanité ! Je vis que, en ce moment du moins, j'étais bien maîtresse de son cœur.

Je tins bon. Je lui expliquai donc du mieux que je pus la folie diabolique qui me portait à me déshonorer aux yeux du monde, tout en restant la plus vestale des femmes.

Il n'y comprenait rien et me considérait comme un monstre. Je lui montrai la belle lame, fine et longue, qui ne me quittait jamais, qui venait des fabriques de Salamanque et qui portait écrit en espagnol : *Je sers l'Honneur*.

Je lui parlai des monstres qui, au nom de la

philosophie, avaient pris la pauvre enfant, sans défense, avaient travaillé à la corrompre pour en faire une machine humaine qui satisferait leur orgueilleuse fantaisie et creuses rêveries, comme on dit de ce médecin qui coupait les nerfs aux enfants, tout vifs, sous ombre de voir s'il n'améliorerait pas ainsi la conformation de l'humanité.

— Je connais ces gens-là, me répondit M. de Coigny, ce sont des fous orgueilleux qui sont convaincus que leur imagination vaut mieux que la sagesse de celui qui a créé l'Univers.

Cela me frappa. Mais je n'y songeai pas longtemps, ne sachant alors rien de Dieu ; et je chassai la pensée qui me vint, à savoir que M. de Coigny, qui parlait en dévot, valait cent fois mieux que les misérables qui étaient athées comme moi et qui m'avaient torturée au nom de l'athéisme.

Ces souvenirs de haine me vinrent bien à point, car je me fusse peut-être attendrie à voir l'émoi de mon ami. Il n'en fut rien, et nous nous séparâmes, lui me jurant que j'étais folle et qu'il serait toujours prêt à me rendre les plus grands services.

C'est ainsi que je me trouvai seule pour résister au plus terrible assaut que je dusse jamais subir et pour être plus près de la mort que je ne le fus même pendant la Terreur, le comité de Sûreté générale hurlant après mes jupes. Me voici prête à jurer que sir Stephen Ellis était un autre homme et plus redoutable que Robespierre, et Barère, Collot et tous les lâches pour qui la guillotine était simplement le bouclier derrière lequel ils se réfugiaient. Je ne dis pas Saint-Just, qui était un brave petit goîtreux de collégien à qui l'on avait remis la férule en main et qui était si content de la donner au lieu de la recevoir, qu'il en perdait la tramontane et en donnait à tort et à travers.

Le lendemain du jour où je donnai son congé à mon duc, il m'envoya un écrin où je ne voulus même pas mettre les yeux, et je le lui renvoyais avec ce billet :

« Si vous voulez absolument, Monseigneur, que ma fille de chambre devienne bientôt millionnaire, vous pouvez envoyer céans tout ce qu'il vous plaira. Mais je ne vous y encourage pas, car

Annette Gallet a arrangé ses petites affaires d'épousailles avec un sergent aux gardes qui est ambitieux et adonné à la Révolution dont il est l'agent parmi les soldats, convaincu, comme il le dit à sa dulcinée, laquelle a bien voulu me l'apprendre, que la Révolution est tout uniment un tour de bâton qui fait passer les sergents maréchaux de France. Votre bijouterie servirait donc à donner des ailes à la Révolution, qui en a assez déjà. Car c'est Annette, et par là son sergent, qui est gracieusée de tout ce qui vient ici. Si vous voulez envoyer un de vos gens chez Pleyard, grand-garde des orfèvres-batteurs d'or, lequel demeure vis-à-vis le Petit Saint-Antoine, il vous dira que la fûtée lui a déjà revendu, depuis un an qu'elle est chez moi, pour plus de cent mille livres de bijoux. Je le sais par lui-même qui, étant honnête homme, comme tous les gros bourgeois de Paris, et trouvant que cette rusée avait dans les yeux un soupçon de louche en lui apportant toute cette orfèvrerie, m'est venu interroger. Je lui répondis qu'il y avait en effet beaucoup de seigneurs charitables qui se donnaient le bel air de venir apporter à ma porte des bijoux destinés à venir en aide aux ardeurs matrimoniales d'Annette Gallet. »

M. de Coigny se le tint pour dit. Mais il faut que je présente sir Stephen Ellis, dont les griffes terribles, après m'avoir saisie, firent en fin de compte, connaissance avec ce bon couteau dont j'ai parlé, et auquel — c'est bien le couteau que je dis — je dois d'avoir connu la Reine et... mon capucin.

Ce Stephen Ellis était parmi les plus violents — je dis bien violents — de mes admirateurs. C'était un Anglais haut comme les nues, insolent comme un laquais de financier, et brutal comme un portefaix de Paris aurait rougi de l'être. Du reste, mangeant avec un appétit d'académiste, s'enivrant comme à la Courtille, détonnant tout le monde par les idées les plus saugrenues et les actions les plus inattendues ; ennuyant le ciel et la terre à force de parler de lui lourdement, jurant que l'argent fait tout, jusqu'à assurer que, s'il était plus riche, il achèterait toute la cour de France. Pour le faire court, ce muguet était d'une folie

qui ne ressemblait à rien de connu en France. I
était grand, avec une taille avantageuse, un pe
épaisse. On lui voyait un air de commandemen
quand il n'était pas d'un gauche insoutenable.
avait un courage de loup enragé, et une scienc
de l'escrime qui lui donnait un faquinisme d'in
solence à faire sortir de ses gonds une porte d
forteresse. Il avait, en effet, mis à mal quelques
uns de nos plus raffinés petits-maîtres et il pous
sait sa pointe comme s'il eût conquis toute la terre
Le mulâtre Saint-Georges, qui se donnait de
airs de Tranche-Montagne et que je ne nommai
jamais que le chevalier Cocodrille, baissait le plu
met devant lui ; il n'y avait parmi les maîtres e
fait d'armes que ce brave petit imberbe de che
valier d'Éon qui haussât les sourcils en sa pré
sence. Cet Anglais était surtout renommé pou
avoir rossé un gentilhomme diffamé, qui fut c
souillon de marquis de Saint-Huruge, et auque
mon brutal avait donné plus de coups de cann
qu'on ne distribue en un an de fessées aux éco
liers rebiffés de tous les collèges de Paris.

Il était un proche parent, je ne sais à quel de

gré et je ne m'en suis pas inquiétée, de ce duc de Dorset, ambassadeur d'Angleterre, à propos de qui l'on avait, comme on sait, tant calomnié la Reine. Il était donc de son nom sir Stephen Ellis. Mais comme l'usage persistait de franciser tous les noms étrangers, que nous trouvions barbares, — et c'était un droit de suprématie, paraît-il, qu'on ne disputait pas à la langue française, — on le connaissait surtout sous le sobriquet de chevalier des Lys, comme les gazettes à la main d'alors en font foi.

Ai-je dit qu'il était prodigue et fort riche? Avec cela et les préjugés avantageux que donnaient sa belle tournure et sa figure d'Alcindor de Patagonie, il était la coqueluche non seulement des comédiennes, mais de cette très petite troupe de grandes dames souillées et de riches bourgeoises valetées qui menaient le branle du libertinage.

Mais c'est sur moi que ce Huron d'Ecosse avait jeté son dévolu. Je lui fis tout d'abord grise mine. Est-ce pour cela qu'il me voulait? J'en laisse le jugement à d'autres. Je vis bientôt qu'il prenait mon indifférence pour l'esprit d'arrangement des femmes, et que, éperdu par les apitoiements railleurs de Tilly, il tournait à la passion brûlante. Tant est qu'il me déplaisait au delà de tout, et que j'étais souvent tentée de le barbouiller de rouge pour les gages de son insolence.

Il se piqua d'honneur ; car cela était ridicule à lui de ne pouvoir triompher d'une fille de la Comédie, qui passait pour être d'une manière fort abandonnée avec tout l'univers. Voilà le commencement de cette escarmouche galante qui amusa les foyers des quatre grands théâtres, mais surtout du *Théâtre de Monsieur*, qui venait d'ouvrir le 26 du mois de janvier de cette année 1789, et que je fréquentais fort assidûment. J'y avais beaucoup d'amis, *Gavaux* et *Martin*, premiers sujets, l'un haute-contre, l'autre concordant, *Vallière*, premier comique, qu'on n'aurait pas dit alors qu'il tournerait à la République, comme il fit, la bonne *Verteuil*, qui était toujours, même dans les rues, comme on disait, duègne et mère, Mesdames *Lesage* et *Rousselois*, les meilleures amoureuses que j'ai connues, et un pauvre petit figurant nommé *de Molière*, qui était si comique à la ville, avec sa volonté obstinée de prouver aux gens qu'il devait s'appeler Poquelin. Si bien que je lui dis un jour : — Vous n'avez plus grande espérance de faire le *Misanthrope* puisqu'il est fait, mais vous pouvez vous marier, vous aurez ce point de ressemblance avec le grand Poquelin.

J'avais reçu fort mal, comme on peut le croire, les grossières déclarations de sir Ellis. Il voulut pousser les choses dans le grand ; et, jurant que j'étais une rusée coquine — il dit coquine, j'en grince encore les dents ! — et que si je faisais la renchérie c'était pour me faire enchérir, il m'envoya des cadeaux fort riches. Là-dessus je recommandai à ma caméristе, cette Annette Gallet, qui était une fine mouche, de lui en accuser réception, chaque fois, en l'en remerciant très humblement et en lui demandant ce qu'elle pouvait faire pour son service. Tant qu'enfin, elle lui écrivit — à la grande joie de tout ce qui hantait les théâtres — qu'il était vraiment un gentilhomme bien cruel de lui faire perdre son temps à aller rue Saint-Antoine, chez Maître Pleyard, et qu'il serait le plus aimable des hommes de lui donner de l'argent tout cru au lieu de bijoux.

Je ne sus pas si le Chevalier fut furieux. On le dit, et qu'il s'enivrait de rage et qu'il battait ses domestiques comme tapis. Mais il n'en fit rien paraître devant moi.

Le premier acte finissait ainsi sur mon triomphe.

Il inventa alors de faire porter ses cadeaux chez moi, dans une chaise, avec des porteurs à sa livrée, comme c'était l'usage, même pour des chaises de louage ; et sur le haut de la chaise se trouvait cette inscription en grosses lettres :

Envoy de sir Stephen Ellis
à Mlle Stella de Basoa.

Ma vraie vérité ! Cela fut trouvé imaginé au mieux, et voilà les rieurs du côté de mon malicieux ogre — car c'était un gros reproche que nous faisions à ces insulaires de manger de la viande mal cuite, comme des sauvages. — Moi je fis la morte; et la rue où je demeurais en vint à se remplir de bayleux et de bayeuses aux heures où cette chaise s'avançait avec son inscription.

Comme je n'avais jamais été plus rieuse et plus sémillante qu'alors, et qu'on disait de mon esprit les dix-sept merveilles, on attendait, pensant bien que je ne garderais pas ce paquet-là sur mon fin museau. Adeline et ses amis, — car j'étais devenue leur bête, — me clabaudaient bien un peu. Mais tout le reste était gros de savoir comment je répondrais à cette insolence.

Au bout de huit jours, je louai une magnifique calèche, avec son impériale, qui datait de 1735, et avait dû servir au cardinal Fleury, tant elle avait un air de vieille cour pompeuse et pimbêche. Elle allait au pas, comme une vieille baronne essoufflée, et avec un air si paisiblement ridicule qu'elle attirait l'attention. J'y installai, toutes glaces ouvertes, un portefaix frippé et rogneux; sur le haut de l'impériale il y avait une enseigne en lettres très grandes :

Renvoy de mademoiselle Stella de Basoa
au chevalier Ellis.

La vieille duègne de calèche s'arrêta devant la porte de l'hôtel de mon insolent. Le portefaix descendit avec une majesté de débardeur, et jeta devant cette porte un des écrins que le chevalier m'avait fait apporter, et la boîte, s'ouvrant, répandit les pierres fines sur les pavés. Ainsi fis-je faire chaque jour, à la même heure, solennellement et paisiblement.

Il ne faut pas être aussi malin que Polichinelle pour deviner ce qui arriva. La rue Thiroux, où logeait ce Roland Furieux, entre la rue Saint-Avit et la rue de Caumartin, fut pleine à ces heures-là. On s'y tuait; et ce qui s'y tuait c'était la populace la plus pouilleuse, la plus féroce de Paris. Dès là qu'on apprit qu'on venait chaque matin, à heure, jeter une boîte de pierres précieuses dans le ruisseau, tous les loqueteux, mendiants, filoux, meurtriers y vinrent prendre gîte dès la veille au soir. C'était un camp de Bohémiens qui mettait l'hôtel en blocus, et une scène à faire dresser les cheveux. Il n'y eut pas de maréchaussée qui y pût faire œuvre. Le guet y fut rossé, aplati comme paille en l'aire. Le chevalier, qui voulut faire une sortie avec ses gens et d'autres sacripants raccolés, et qui y voulut jouer de la canne, de l'épée et du sabre, fut ramené à l'hôtel, le bâton haut, ses gens battus dos et ventre, criant qu'ils n'en voulaient plus, et lui l'œil poché, ce qui mit le comble à ma gloire. Le beau monde, pour qui ce fut un vrai Lendit, remplissait les rues des Mathurins et de l'Égout qui traversent la rue Thiroux, et assiégeait les autres rues : celle des Porcherons et la ferme de l'Hôtel-Dieu, par en haut, et la rue Basse-du-Rempart, en bas.

Au bout de huit jours, il y eut trêve ; et j'avais glorieusement terminé le second acte. Mais l'on se demandait ce que mon hercule poché allait faire.

Il fit ce que personne n'eût imaginé, et qui faillit lui donner le beau rôle. Il me demanda en mariage. On trouva que cela était crâne et grandement joué, et que j'étais battue. On me déclara d'ailleurs une heureuse et maligne friponne, de devenir une vraie grande dame et riche, et d'avoir un pareil mari.

Quand il vint à ma loge, me demander ma main, je faillis être désarçonnée, ne connaissant pas encore ces manières de la folie anglaise, qu'on appelait excentricité et qui était une volonté de faire tout à rebrousse-poil des bourgeois. Mais, comme je n'étais jamais longtemps à me détortiller, je lui répondis que j'y voulais plus de cérémonies, plus de bruit, et que je lui répondrais quand il n'aurait plus les yeux pochés. En outre, il fallait qu'il vînt me demander au foyer de la Comédie, et solennellement, avec deux grands seigneurs de son pays.

Il prit son air de cercle, et répondit poliment que cela était bien. Il avait une physionomie si peu déroutée que j'en eus, pour un instant, l'esprit comme tout mutiné. M'aimait-il réellement? Ou bien enrageait-il à périr d'être forcé d'en venir là, par vanité et pour avoir le dernier dans cette guerre qui occupait la cour et la ville? Pour moi, je n'eus pas une heure d'hésitation. J'ai bien des choses à me reprocher; mais, grâce à Dieu, je ne fus jamais avide. Adeline et les autres me félicitèrent avec une petite mine furibonde. Il me sembla que Carline me considérait avec ses beaux yeux glaçants, comme si elle m'eût voulu plaindre. Tilly m'observait d'un air railleur, mais il se gardait désormais de m'aiguiser les ongles en me lançant quelque persifflage, sachant bien qu'il n'en serait pas bon marchand.

Sir Stephen vint donc un soir, *in fiocchi*, dans le foyer de la Comédie. Il était accompagné de deux seigneurs de son pays, muets et roides comme des portants. J'eusse pu croire, si on me les eût présentés comme français, que ce fussent des commissionnaires du coin. Mais j'ai dit que c'était la vanité française de voir dans les Anglais des gens mal civilisés et sans grâces. On en faisait des gorges chaudes et c'était le refrain de la chanson.

Faut-il avouer que cette obéissance que sir Stephen me témoignait dans les choses les plus rebutantes à l'amour-propre me donnait sur lui des préjugés moins désavantageux. Je sentis en moi un accès de sensibilité fort rare qui me conseillait de prendre en pitié ce maroufle.

On prévoit que notre foyer était rempli, et, de fait, il l'était à périr. Le bruit s'était répandu de l'affaire. Il paraît que ce soir-là j'étais d'une beauté miraculeuse. Je pourrais redire comme j'étais faite et habillée. Carline s'approcha de moi, comme pour ranger une boucle de mes cheveux, et elle me dit tout bas : — Prenez garde, ma chère. Je l'interrogeai du regard. — Je ne sais rien, continua-t-elle, mais je sens qu'il y a quelque malice.

Elle n'en dit pas plus. Elle était fine comme une Italienne, et avait eu bien besoin de sa finesse et de sa défiance pour être restée vertueuse et échapper à mille dangers que sa beauté lui avait fait courir.

Je ne voyais rien à craindre. Je détestais, de mon instinct, Carline, parce qu'elle était dévote. Je haussai les épaules et je me préparai à écouter fort bourgeoisement et quasi tendrement ce vaillant homme qui voulait épouser Stella. La pensée de mon Sylphe me traversa l'esprit et me serra un instant le cœur. Mais combien cet épouseur, qui voulait bien affronter ma mauvaise renommée, n'était-il pas au-dessus de cet inconnu qui faisait tant le renchéri !.

J'avais fait venir Mero ; et il s'était fait accompagner par un autre de mes *sujets*, Miguelgorry, qui était renommé pour sa force dans les fêtes foraines, — car c'est là où je recrutai mes chevaliers. — Mero avait posé des mouches sur la maison de sir Stephen, et je voudrais gager qu'il en avait mis jusque dans sa chambre à coucher. J'ai dit les ressources qu'il avait pour cela et comment les gens de Bohême et du pays basque trouvaient partout aide et compagnie et étaient faufilés en tout lieu.

Au moment où sir Stephen s'avançait avec les deux lords, et où j'allais céder peut-être, par bonhomie, Mero me tira à quartier. Il me dit que ces deux seigneurs étaient insolemment deux des domestiques du chevalier. Cette insulte me fit tourner à l'une des fureurs les plus violentes que j'eusse éprouvées. Je devais être effrayante. Le brave Mero se recula avec un mélange d'étonnement et d'effroi. Je vois encore l'expression de son regard. Elle me fit revenir à moi. Ce n'avait été qu'un éclair. Je retrouvai cette présence d'esprit qui ne m'abandonne que dans les courts instants de la fureur. Je dis deux mots à mon basque. Je revins auprès de mon Anglais. Il était impassible.

Il me présenta ses deux compagnons sous les

noms du vicomte Saint-Edmund et du baron Poormanor. Il fit sa demande fort gravement, avec des manières du premier bon et en termes de bon aloi.

Je fis un signe, Mero et Miguelgorry s'avancèrent tranquillement, en écartant les assistants. Quand ils furent auprès des deux lords de contrebande, ils leur tirèrent les oreilles. Ce fut, comme on en peut juger, un coup de théâtre, et chacun eut la respiration peinée, en attente de ce qui pourrait bien arriver.

Miguelgorry est, je l'ai dit, une sorte d'Hercule, et je ne connais que Lorenz, mon Suisse, qui lui puisse damer le pion, je dis avec des poids de cent livres, dont ils jouent, comme à la fossette. Il tira si fort l'oreille, qu'il pensait, je crois, caresser, que le pauvre lord d'antichambre, après avoir relevé comiquement les jambes, comme un cheval à esparvins, tomba tout à plat, ensanglanté. Mero, très vigoureux également, mais, en outre, agile comme un chamois, joignit quelques coups de pied aux bons endroits, et son homme tomba comme évanoui.

Je profitai du moment de stupeur et je répondis à tous les yeux qui se tournaient vers moi :

— J'ai voulu punir l'insolence insoutenable de sire Stephen Ellis et son audacieuse tromperie. Ces deux individus qu'il nous présente comme des pairs d'Angleterre et les témoins de sa demande en mariage, sont des valets.

Je n'ai jamais imaginé un sang-froid pareil au flegme du Chevalier. Il me regarda avec un sourire d'admiration.

— Je suis encore battu. Mais que je sois damné, si vous n'êtes pas plus belle que jamais. Il faut que vous soyez mon épouse, et vous le serez. Mais auparavant, il faut que je vous jette un peu dans la boue pour rabattre votre caquet, trop fort pour le bonheur domestique. Prenez garde à vous, je vous avertis. S'il y a ici quelque gentilhomme qui trouve que je lui ai manqué en présentant mes deux domestiques, je suis à ses ordres.

Il y avait là, par malheur, un M. de Belannoy, qui était, je crois, officier de chevaux-légers, avant la sotte réforme de M. de Saint-Germain, qui perdit la monarchie pour économiser du galon, comme on disait. M. Belannoy s'était vanté d'être du dernier bien avec moi. Il lui fallut soutenir son mensonge.

— C'est surtout la noblesse d'Angleterre que tu as insultée, Chevalier, dit-il. Mais je te trouve également impertinent envers Mlle de Basoa, et je suis bien ton homme.

Il était fort compagnon de débauche du Chevalier, qui le laissa pour mort, et je ne sais s'il en réchappa.

Le Chevalier s'était éloigné en jetant sa bourse à Mero, qui la lança à son tour dédaigneusement aux deux valets, qui disparaissaient penauds comme des apothicaires lavementés, et en trébuchant.

Cela fit du bruit et en eût fait cent fois plus, si la politique ne fût venue prendre la place considérable que nous autres comédiens occupions dans l'opinion publique.

Les électeurs primaires et ceux du second degré, comme on disait, et qui étaient, pour la plupart, des petits bourgeois gonflés, qui chantaient très haut, comme les petits coqs sur le fumier, quand le maître coq n'y est plus, toutes ces espèces vaniteuses, et surtout les avocats et les brochuriers, dont le gouvernement commençait, nous mirent au second rang. Le mal n'était pas grand alors, et si l'on se fût borné là, sans emprisonner toute la terre pour rendre aises les savetiers et les marchandes de merluche, il n'eût pas fallu se désoler : Mirabeau valait autant à entendre que Molé ; et il valait mieux s'occuper de la robe de Me Target que de celle de Mlle Colombe.

Toutefois nous n'étions pas encore tout à fait morts comme nous le fûmes après la chute des Girondins qui, étant eux-mêmes des gens du paraître, n'avaient pas perdu tout le goût de la civilisation et du théâtre, comme ces souillons de Montagnards et leur vermineuse sequelle. Je reçus plusieurs lettres de seigneurs m'offrant leur protection contre les entreprises du chevalier des Lys. Je leur répondis, en bravachant — mais cela m'allait fort bien — que c'était le chevalier qu'il fallait protéger contre moi, et que s'il voulait reporter, *lui-même,* en Angleterre sa précieuse personne, il n'était pas trop tôt qu'il bouclât ses malles.

J'appris que M. de Propiac, le cousin de l'auteur dramatique, collaborateur habituel de M. de Piis, et qui était lieutenant-premier au régiment de Picardie, mais de passage à Paris, et M. Dumaine de Sainte-Lanne, sous-lieutenant de remplacement au même régiment, furent grièvement blessés à la suite de cette affaire, où, sans m'en rien faire savoir, ils avaient provoqué M. d'Ellis, pour son insolence. Ce grossier personnage était invulnérable. Toutefois, je ne fus pas ingrate envers ces jeunes gentilshommes. J'allai les voir, ce qui était une faveur que je n'avais faite à aucun homme, sauf Charpentier, mon bottier, et autres espèces que nous ne tenions pas pour des hommes, quoiqu'ils s'en fissent accroire, en s'appuyant sur l'autorité de Jean-Jacques. Je sauvai la vie à ces deux gentilshommes, à la fin de 1793, avant mon entrée en prison ; et par ainsi leur gentilhommerie leur évita la guillotine.

Le duc de Coigny, que je ne voyais plus, me voulut rencontrer. J'en fus aise. J'avais pour lui toujours ce sentiment tortillé d'estime et d'amitié où nous ne voyions clair ni l'un, ni l'autre, et qu'il partageait. Aussi parut-il également heureux de me voir. Nous nous embrassâmes comme des pauvres. Toutefois je sentis que l'estime avait décidément pris le pas sur la tendresse, et que, en ce temps-là du moins, il n'était plus dangereux pour mon cœur.

Il me demanda ce qu'il pouvait faire pour moi en cette conjoncture. J'eus comme une de ces inspirations mystérieuses, que je devais sans doute à mon vieux sang sauvage et de bohémienne et qui donnait à mes ancêtres des tournures de sorcellerie.

— Rien, lui répondis-je sinon d'obtenir une audience de S. M. la Reine, quand je vous le demanderai.

Il hocha la tête en réfléchissant, et répondit, souriant :

— Sa Majesté est parfaitement bonne. Elle a entendu parler de vous. On lui a dit que vous êtes une manière de folle, mais valant beaucoup mieux que votre renommée de...

— De ceinture dorée.

— Si vous le voulez. Je serais donc bien étonné si Sa Majesté refusait son aide à qui la lui demanderait dans une cause où une femme fut injustement traitée.

Malgré mes fanfaronnades, j'étais — j'ai déjà dû m'en vanter dix fois — j'étais futée comme un vieux procureur. Je pris donc des précautions pendant quelques semaines. On m'avait rapporté que, dans un souper, étant gris comme un fossoyeur, sir Stephen avait gagé des sommes considérables qu'il finirait par me dompter et que, n'ayant pas voulu être son épouse, je serais sa maîtresse et qu'il me chasserait à coups de pied. J'entrai dans une rage qui me hérissa comme une Gorgone. Je le cherchai et, le rencontrant, je lui dis que, s'il avait encore l'insolence de prononcer mon nom, je lui ferais tirer les oreilles et cracher dans la bouche par mon Suisse. Il répondit, avec un calme parfait, qu'il m'obéirait ; et dès lors il se conduisit envers moi avec la politesse la plus naturelle.

Je rougis donc bientôt de prendre tant de précautions, dont j'étais l'esclave. Il me paraissait que je fusse en prison. Mero, qui est bien le père des inquiétudes, était sans cesse sur mes talons. C'était obsédant. Je le renvoyai lui et la nuée de bohémiens guenilleux qui tourbillonnaient autour de moi, au point que j'en avais le cauchemar, me croyant toujours dans la rue de la Grande-Truanderie.

Cet Anglais me passa donc de l'esprit. On était comme je l'ai dit, dans tout le feu des élections, où les Parisiens se démenaient comme une meute à qui l'on jette un os, et où l'on voyait, bourdonnant au premier rang, les bourgeois à pommes cuites et les gentilshommes à lièvre. Toutefois, bien que ces importants me parussent d'une suffisance à crosser, avec leurs postures de Titans défiant les foudres de Jupiter, je ne savais que penser. Je voyais, comme tout l'univers, qu'il y avait bien des choses à corriger, et, que, au fond chacun ayant quelque chose à reprocher à la société telle qu'elle était devenue, tout le monde était mécontent. Il fallait du nouveau. Cela était sûr. Mais je voyais également qu'il n'en fallait pas tant qu'on disait.

Je rencontrais souvent M. de Marmontel qui, étant fort vaniteux et ambitieux, s'était laissé, y trouvant son profit, enregimenter parmi les philosophes, si bien qu'on l'eût cru un novateur, comme on disait. Il était au contraire le plus énergique défenseur du trône et de l'autel, et de ceci au point de me mettre en colère. Du reste, ses idées quadraient bien avec mes idées *aristocrates*. Je l'approuvais quand il disait que la Révolution, dont je voyais tous les jeunes seigneurs débauchés si sottement enthousiastes, était uniquement faite pour donner la puissance aux joliscœurs du bavardage ; pour remplacer les nobles par leurs intendants; mettre l'aristocratie de l'honneur à bas et créer l'aristocratie de la parole, puis l'aristocratie de la méchanceté, puis l'aristocratie de la bassesse. Et ce fut bien toute l'histoire de la Révolution française.

Mais tout en clabaudant contre la Royauté et la Noblesse, on hurlait contre le Clergé, et c'est par là qu'on me tenait.

Je voyais aussi très fréquemment Chamfort. Je ne connaissais pas alors la bassesse de son âme.

J'ignorais que son amour de l'Égalité naissait de l'envie le plus enfiellée qui fut jamais et qu'en vantant la Liberté, il voulait uniquement gagner les 200.000 livres de rente qu'il valait, comme il disait. Ce fut à cette époque, chez Sophie Arnould que je revis le chevalier de Sanghehem. Chamfort y était, critiquant à son ordinaire la noblesse avec son esprit puissant et enragé, en face du duc de Lauraguais, qui en agitait de joie son œil borgne. M. de Sanghehem l'écoutait attentivement et tout d'un coup, il lui demanda, avec son air impassible, pourquoi, méprisant ainsi les gentilshommes, il se faisait le parasite de ceux qui le voulaient bien recevoir et payer.

Chamfort, qui le connaissait trop pour essayer la rodomontade, lui répondit avec son amère effronterie :

— C'est bon pour un capucin de visiter des sots pour l'amour de Dieu et d'entendre des sottises pour gagner le ciel ; les hommes d'esprit se font payer pour cela.

Le chevalier s'approcha de lui et lui dit à mi-voix, car Chamfort n'ayant pas relevé fièrement la première attaque, M. de Sanghehem était trop délicat sur la politesse et l'honneur pour le mettre à plat, ce qui eût paru être d'un fanfaron ; il lui dit donc à voix presque basse, et peut-être fus-je seule à l'entendre :

— Vous nous la baillez belle, Chamfort. Vous avez eu un ancêtre qui a été fou en titre d'office chez quelque grand seigneur, vous continuez le métier parce qu'il profite, et vous essayez de vous en venger parce qu'il n'est pas beau.

Il lui tourna le dos. Mais tous ces plats-pieds de révolutionnaires ne suffisaient pas encore pour me dégoûter de leur guenippe de Révolution. En ce moment j'oubliais Thalie pour la section des Feuillants, où M. de Marmontel et un abbé grave, patient et rusé, dont on commençait à parler et qu'on nommait l'abbé Sieyès, étaient en compétition. Ils avaient été nommés électeurs par l'assemblée primaire. Tous deux briguaient la place de représentants aux Etats généraux. Ce fut l'abbé Sieyès qui l'emporta. M. Marmontel se vengea en disant, d'assez bonne grâce, qu'il avait été prophète et qu'il était de bonne logique qu'un brochurier triomphât d'un académicien

Mais voici que je reviens à mon tigre d'Angleterre. Je le voyais rarement, toujours fort leste et fort allant, et sans préoccupation apparente. Il s'était rengagé avec Rosine Macker, du chœur de l'Opéra, et, quand on le jasait à mon sujet, il répondait tranquillement :

— Ne semblerait-il pas que le père des filles soit mort et qu'au défaut de cette coquette étudiée, qui joue la Fille des Incas pour repriser sa renommée fort déchirée, il n'y ait pas de jolie femme.

Je ne connaissais pas l'opiniâtreté froide de ces insulaires. J'étais habituée à la légèreté capiteuse mais insouciante de nos jeunes seigneurs, qui donnaient un coup d'épée, le recevaient, et puis étaient consolés, et c'était tout, jusqu'à recommencer. Je pris donc l'indifférence de ce dogue pomponné pour de l'argent comptant, et je n'y pensai plus.

M. Radet avait fait une comédie en un acte et en prose, mêlée d'ariettes, comme c'était la mode alors. La musique, qui nous paraissait jolie au parfait, était de *M. d'Alayrac*. Celui-ci était fort choyé par nous, je dis en toute bienséance et sans minauderie. On oubliait que son aimable figure fraîche et ronde était fort percée de petite vérole, et cela pour ses yeux noirs qui brillaient comme des pierres de Golconde. Il était homme de condition et officier, avec de la politesse, un petit ton quasi de cour qui tranchait avec le faquinisme lourdaud et suffisant de la plupart des auteurs, des musiciens surtout. En outre de cela, franc, toujours gracieux, d'une facilité d'esprit et de composition qui se prêtait aux plus irritantes fantaisies des chanteurs. Si nous regardions Radet comme un insecte du Parnasse dont les chefs-d'œuvre n'étaient guère autre chose que des pièces mirliflores, comme on appelait alors les comédies de Société, nous ne traitions pas M. d'Alayrac comme un musicien à la grosse. Par estime pour son talent, en récompense de sa bonne grâce, de sa courtoisie réservée, et de ce qu'il était exactement à notre dévotion pour tous les changements que nous lui demandions, nous avions juré de faire réussir la pièce. Et cela était intitulé : *La Soirée orageuse*.

Solié qui représentait Roberto, avait un fort bon air pour commencer : *Fillette, qui dans la retraite. Chénard* (don Carlos) chantait fort lestement : *L'amant épris d'amour extrême. Trial* qui faisait le valet Angelino, — et ce fut sa rage mue de faire les valets qui le porta vers la Révolution et en fit l'exécrable terroriste et ami de Robespierre, que l'on sait, — n'eut jamais plus de succès que dans sa chanson : *Auprès de Barcelone. Mme Saint-Aubin* était une duègue attrayante et Rose Renaud, qui venait d'être reçue et que tout le monde détestait pour sa candide gentillesse, sauf moi qui la trouvais joliment effarouchée, était une amoureuse à enlever. Moi, j'avais un de ces rôles qui me plaisaient, un rôle de travesti. J'étais Georgino, l'amant de Constance, qui était Rose Renaud. Il paraît que nous étions jolies au-dessus de tout, toutes deux très jeunes et fraîches comme la rosée, elle, fort languissante de nature, moi, vive comme la poudre et déterminée comme un académiste.

Mais l'aventure qui va m'arriver et la huée des événements politiques retardèrent cette pièce, qui fut jouée exactement un an plus tard, le 29 mai 1790. Il fallut, comme on va le voir, que la bonne et dévote Carline prît ma place.

Nous étions en mai 1789 et comptions jouer cette pièce en juillet. C'était, — je m'en souviens comme d'hier, et je sais bien le compte des heures de cette journée de ma vie — le mardi 19 mai. On appelait ce temps-là les Rogations, qui était une fête de pénitence et procession pour le public parisien. Nous, qui faisions pénitence uniquement les jours où nous n'étions pas jolies, nous répétions cette après-midi là. Nous remarquions que le temps était bien choisi pour parler de cette *Soirée orageuse*. Il tonnait, pleuvait, faisait très noir. Nous nous égayions sur les processions, en plaisantant Carline qui avait la mine chiffonnée, et l'on prétendait que c'était de dépit de n'être pas abondamment arrosée de pluie derrière les capucins. Trial, qui était méchant, point spirituel et aussi impie que moi, prétendait que si Carline était si défaite, c'est qu'elle avait avalé trop de rogatons. Ce sot jeu de mots à propos des Rogations eut un succès de fou-rire, et la pauvre Carline s'en allait pleurer. Je n'avais rien dit; car, si je haïssais la dévotion de Carline, j'avais grand estime pour elle, comme pour tout ce qui était sincère et aimait l'honneur. Je savais qu'elle avait un enfant malade et je devinai que de là venait sa tristesse. Je pris sa défense et me mis à railler Trial sans miséricorde. Il n'était, en honneur, pas de force avec moi qui avais un front d'airain, une fierté indomptable, beaucoup d'esprit et du plus insolent. Aussi l'eus-je bientôt réduit au silence, ce que je m'amusais parfois à faire pour rebaisser le caquet de sa suffisance à démonter Vestris lui-même ; et il me l'eût fait payer cher pendant la Terreur, n'était cette bande de vermineux qu'il savait être à ma dévotion et dont les couteaux étaient renommés.

Je dégageai donc Carline. Nous sortîmes ensemble. La répétition avait fini plus tôt que nous le supposions. Nous n'avions pas nos voitures. Nous entrâmes chez Brunet, notre libraire, rue Marivaux, sur la place même de la Comédie.

Elle s'assit à côté de moi qui feuilletais des

pièces de théâtre, dont Brunet était bien approvisionné. Elle fixait sur moi ses beaux yeux noirs d'une expression à la fois grave, fine et candide, que je n'ai vue à personne autre. Elle me prit la main et me dit avec son doux parler légèrement italien :

— Vous avez un bon cœur et une nature noble, Stella. Vous aimez *presto* ce qui est bon et va au grand. Comment pouvez-vous rester dans ce fumier, en compagnie de ces... elle employa un mot italien très expressif, mais qui n'est employé en France que dans les faubourgs.

— Mais, santa Carlina, vous y êtes vous-mêmes dans ce fumier.

— Moi, répondit-elle vivement, j'y touche, mais je n'y suis pas.

— Eh ! moi j'y suis, mais je n'y touche pas.

Elle réfléchit un instant et secoua le front.

— Je joue avec Adeline et Lescot ; mais je ne soupe pas avec leurs amants, je soupe avec mon mari.

J'éclatai de rire et je ripostai vivement :

— Moi je soupe avec leurs amants, mais je ne

joue pas avec eux. Et j'ai plus de mérite que vous, Carline, car je n'ai pas un mari avec qui souper.

Elle me pressa la main plus fort.

— Vous glissez comme une couleuvre enchantée, Stella. Mais Notre-Seigneur et les saints ne permettront pas qu'une âme, que Dieu a créée si belle, s'avilisse plus longtemps dans cette infâme compagnie.

— Mais, ma bonne Carline, repris-je gravement, vous oubliez que je ne crois pas à Dieu ni à votre Seigneur. Pour vos saints, je sais que ce sont des imposteurs ou des...

La chère femme se leva brusquement en faisant un signe sur le front. Malgré la grosse pluie et le tonnerre, elle se sauva, courant à travers la place comme si mes blasphèmes la poursuivaient changés en démons.

Ce soir-là même, je devais aller souper avec quelques-unes des nôtres chez M. de Veimeranges. Il avait un petit hôtel marqué au bon coin, sur le boulevard Montmartre, à côté de celui de M. Augeard, le fermier général, avec qui je ne devais pas tarder à faire connaissance, à cause de son dévouement pour la Reine et de ses relations avec les gazetiers royalistes.

Carline m'avait mise de mauvaise humeur par son sermon, que je ne parvenai pourtant pas à oublier. Je décidai donc que je ne rentrerais pas chez moi ravitailler mes grâces et que j'irais à ce souper en chenille; le déshabillé, qui allait fort bien à une toute jeune fille fraîche et ferme comme j'étais, faisait toujours grimacer nos belles usées qui avaient besoin de se reteindre et de s'étayer. Je fis donc venir un peu de blanc manger dans une loge que je partageais avec Rose Renaud. Après la représentation du soir, en attendant l'heure de déboucher, je m'amusai à mugueter à coups de persifflage avec Trial, qui, demeurant au café Favart, restait toujours tard au théâtre. Je le quittai enfin et je me jetai dans ma voiture.

Le temps continuait d'être sombre, et Paris peu éclairé. C'était, comme j'ai dit, jour de pénitence et, malgré les philosophes, il y avait, ces ours-là, beaucoup moins de peuple dans les rues et dans les cabarets, qui fermaient plus tôt. Je fus frappé de l'obscurité et du silence. Mais je ne m'en inquiétai guère. Je me rencoignai dans le fond de mon vis-à-vis, et m'encapuchonnai, comme j'avais l'habitude de le faire. Mon scélérat de cocher le savait bien. Il avait compté là-dessus. Je ne remarquai pas qu'au lieu de monter sur le boulevard, il descendait vers la rivière, se réservant, sans doute, quelque bon prétexte d'une erreur ou d'un ordre mal interprété, si, par fortune, je venais à y prendre garde. Mais j'étais toute occupée de Carline et de son cailletage dévot.

Subitement, dans une petite rue que je ne reconnus pas, mais que — je le sus ensuite — l'on nommait la rue Chabannois et qui traversait les jardins de l'hôtel Louvois, la portière s'ouvrit. Avant que je fusse sortie de mes coiffes, j'avais la tête entortillée dans un voile de gaze qui m'entourait toute la figure, de façon à m'empêcher de voir et de crier, mais non de respirer.

La portière se referma après qu'un être eut sauté dans la voiture et pris place en vis-à-vis de moi.

J'essayai de retirer ce qui m'affublait. Mais le bout de cette écharpe était bien tenu par une main vigoureuse, et une voix mâle, qui me parut de mon dogue d'Angleterre, me dit :

— Vous êtes prise, et, si vous bougez, morte. Attendez quelques minutes, tout s'arrangera au mieux.

J'entendis un gros éclat de rire.

Mourir, ce n'était pas beaucoup pour moi, mais mourir sans être vengée, c'était tout. C'était la première fois, depuis que je fus au monde, que j'étais vaincue. Jusqu'ici, je me sentais au-dessus de tout. J'étais l'orgueil lui-même. Cette fois, j'étais dominée à mon tour, battue, fort mal en point. La position était, à la fois, humiliante et terrible, et, si brave qu'on soit, ce n'est pas avec une sérénité parfaite qu'on envisage une posture où la mort est ce qui peut arriver de mieux. Quand on y réfléchit, cela donne toujours quelque appréhension.

Il se passa alors en moi quelque chose de très inattendu.

Ainsi mise à bas de mon orgueil et en danger de la vie, je sentis pousser une pensée brusque, qui venait du profond de mon être et qui avait germé spontanément, sans que ma volonté ni aucune autre volonté l'y eût semée :

Une pensée qui m'étonna, dont je n'avais jamais deviné l'existence, ni pressenti l'approche, la pensée de recourir à une puissance inconnue, supérieure, et qui était maîtresse de me sauver ou de me laisser périr !

J'eus, — comment dire ? — la révélation de la prière, *l'intuition*, — c'est un mot de mes philosophes — l'intuition de l'existence d'un Dieu.

Cela me rendit un moment distraite, car cela était stupéfiant. Depuis que j'existais, on n'avait jamais agité devant moi la question religieuse que pour en railler, pour détruire en moi tout instinct, — et il n'était guère développé — qui se pût rapporter à cela. Il ne restait rien en moi de *métaphysique*, comme j'ai su plus tard que c'était le mot. Les hommes n'avaient donc rien mis en moi de religieux, au contraire. Je me rappelle que je me dis alors : mais Dieu existe puisqu'il était en moi et qu'il vient d'en sortir, sans que moi ni autre y ait aidé.

Mais je ne m'arrêtai pas à ces réflexions. J'étais faite pour agir. J'avais déjà repris mon sang-froid. Comment l'avais-je perdu, pour la première et la dernière fois de ma vie, et moi qui disais toujours effrontément : la peur n'est pas de mon bail ! Au hasard de faire endiabler le lecteur qui me voudrait peut-être voir sortir de la fâcheuse posture où je suis, je dirai le fin du fin. Les scélérats qui m'ont élevée, je dis M. de Sanghehem et sa sequelle de malins maçons et de freluquets de philosophes, avaient desséché tout mon être intérieur, toute délicatesse morale, toute pudeur et modestie du cœur. Tant est que j'étais effrontée comme une marchande des Quatre-Saisons, et que toute ma délicatesse s'était portée sur mon corps. C'est lui qui avait toute la modestie, qui était fier, craignant la vilenie, se rebellant contre tout abaissement, et, de vrai, c'était comme ces fleurs qu'on dit être sensitives et qui vont se cacher avec colère quand une main grossière ose les toucher. C'est cette aristocratie de mon corps qui m'avait sauvée jusqu'ici, et c'est aussi ce qui me troubla fortement, je dis la crainte qu'on n'insultât et ne salit mon corps.

Mais, comme j'ai dit, je ne suis pas pour être longtemps en pamoison. Jamais je ne sortais sans ce bon couteau, dont j'ai rabaché jusqu'ici. J'y pensai donc. Je passai doucement ma main droite derrière moi, ou, dans une poche de ma robe, se trouvait le poignard dans sa gaîne. Je le tirai, non moins doucement, — j'avais gardé mes gestes de chat sauvage — et je le tins tout ouvert, appuyé contre ma hanche droite. Quand je le sentis, j'eus les sens si éveillés, tout d'un coup, que je me rappelle avoir lu lettre par lettre, avec mes doigts, que j'avais nus avec des mitaines, la devise qui y était inscrite en langue espagnole : POUR MON HONNEUR. Je pensai que je me tuerais et je souris. Tout cela est gravé dans ma mémoire comme un chiffre sur une lame d'argent avec un poinçon.

Mais je pensai aussi que, avant cela, je tenterais de tuer mon ennemi. Je vis, sans tarder, ce qu'il y avait à faire.

Il était inutile, et, en surplus, indigne de moi,

de crier, de me débattre. On avait serré le voile qui m'enveloppait la tête, de façon à m'étouffer et à paralyser ma force. C'est ce que je voulais éviter par dessus tout. Il fallait rester très tranquille et attendre l'attaque; alors, agir vite, d'un coup inattendu.

Je savais qu'il n'y avait qu'un homme dans la voiture, mais je croyais entendre le bruit de chevaux galopant aux portières. Je me mis en imagination que le personnage qui m'enlevait était sir Stephen, et les gens qui galopaient, les domestiques qu'il m'avait voulu présenter comme des pairs d'Angleterre. Je pensai que je n'avais pas mieux à espérer de ces deux drôles, traités par moi ignominieusement, que du maître qui avait, comme j'ai dit, la renommée d'être le plus brutal et le plus fou des hommes. Je me dragonnai de nouveau l'esprit avec des visions à faire frissonner mon joli corps sauvage. Je choisis bien exactement la place, au-dessous de mon sein, où M. Joseph Sue, professeur royal et démonstrateur de chirurgie pour la partie de l'anatomie — car les scélérats philosophes qui m'avaient élevée n'avaient pas voulu que j'ignorasse rien du corps humain — m'avait enseigné que se trouvait placé le cœur.

Nous voyagions au grand galop de mon cheval. Il me parut, au bruit sourd, que nous traversions un pont, le Pont-Royal, à ce que je supposai. Le peu de mouvement que je croyais entendre dans les rues cessa complètement. Si mes calculs étaient justes, nous arrivions dans le bout du faubourg Saint-Germain, qui longe les boulevards extérieurs, lesquels sont quasi déserts, ayant beaucoup plus de jardins que de maisons. Mon compagnon était resté jusque-là muet.

— Allons, la belle, me dit-il alors, te voilà prise.

C'était bien la voix de sir Stephen, mais avec un degré de raillerie et d'insolence en plus, et un peu rauque, comme en l'ivresse, ainsi que c'était le préjugé d'alors d'en accuser aisément les insulaires.

— Reconnais ton vainqueur. Ah ! ah ! Tu m'as bien humilié. Je crois que je ne serai content que quand je t'aurai fait fouetter jusqu'au sang. Mais nous n'en sommes pas encore là. Tu ne t'imagines pas que je vais filer le parfait amour, aimable drôlesse. Ah !

Il jura avcc un accent de rage qui eût effrayé tout autre que moi, et sa colère croissait évidemment à mesure qu'il parlait et se rappelait mes dédains.

— Ces deux braves gens de laquais anglais, qui valent mieux à eux seuls que tous les gentilshommes de France et que tu as fait maltraiter, je leur ai promis que je t'abandonnerais à eux pour te traiter comme il leur conviendrait. Je te mène à un petit hôtel très retiré, que j'ai sur le boulevard Montparnasse, et où une compagnie de houzards pourrait faire le diable sans qu'on y entendît rien. Mais, avant tout, moi j'ai aussi quelque vengeance à exercer, et je n'y mettrai pas tant de façons.

Il jura de nouveau avec un redoublement de rage.

Je sentis un être lourd qui se précipitait sur moi, voulant me prendre à brasse corps. J'étais devenue aussi calme que si je jouasse un rôle. Les abominables traitements dont ce brutal et ses domestiques me menaçaient m'eussent retiré toute hésitation. Mais je dirai, sans tourner autour du pot, que je n'en eusse pas eu pour moins que cela, étant femme très ombrageuse sur les gestes et n'hésitant jamais sur les moyens de me débarrasser des gens qui me veulent mettre à mal.

Je relevai froidement, d'un geste sec de mon poignet gauche, le lourd bras qui se passait autour de ma taille, et, le saisissant, je le tins très en l'air. Comme je n'y voyais goutte, j'eus l'admirable sang-froid de mesurer, vitement, avec la pointe de mon poignard, un espace d'environ 15 pouces, à partir du dessous de l'épaule, puis retirant mon bras armé, aussi loin que je pus, jusqu'à ce que mon coude touchât le fond de la voiture, je poussai, la pointe en avant, avec la vigueur d'un ressort qui se détend.

Je n'ai point dissimulé que cela est dans mon sang d'aimer le couteau, et que je m'y suis exercée depuis que j'ai usage de mes bras. Je n'y suis pas maladroite. Mais, ainsi, à la chaude colle, enthousiasmée par la volonté de défendre mon corps contre les effroyables injures dont ce scélérat le menaçait, je triplai de forces.

Je sentis que j'étais entrée avant dans la poitrine du bourreau. Toutefois, pour un moment bien court, il ne comprenait pas qu'il était blessé. Il se mit à ricaner.

— Ah ! ah ! une chiquenaude, un coup d'ongle, chienne enragée. Connais-tu l'histoire des Sabines ? Je vais t'apprendre l'histoire romaine en action. Ah ! ah ! ah !

Cette fois, ce n'était plus un rire ; ou plutôt ce rire insolent et cynique finit comme un cri déchirant.

J'avais redoublé, je ne sais pas combien de fois. Ma main, mon bras, bientôt mes jambes, à travers mes jupes, furent couvertes d'une liqueur chaude qui coulait abondamment, avec un murmure qui me fit penser à un petit ruisseau. Le personnage se débattit en hurlant — c'est ce qui me frappa le plus — des mots orduriers mêlés à des cris rauques. Il s'obstinait à vouloir m'embrasser. Je le piquai au visage, mais cette fois sans appuyer. J'étais sûr qu'il était vaincu et désormais inoffensif, je ne voulais pas lui faire plus de mal. Je le repoussai contre la portière. Il me lâcha.

La voiture roulait toujours fort vite, étouffant tout bruit. J'éloignai le voile qui m'aveuglait. Deux cavaliers couraient, un à chaque portière. Je reconnus bientôt que nous étions sur un boulevard extérieur. Il était désert. La pluie avait cessé. On entendait encore des grondements lointains. Mais il faisait moins noir.

Je songeai alors seulement au misérable dont je venais de me débarrasser. J'avouerai que je ne sentis en moi d'autre sentiment qu'une vive satisfaction. J'eus encore une sorte de pensée de remercier l'être supérieur à qui j'avais songé, pour la première fois, quelques instants auparavant. Mais mon remerciement fut fort vague. Dès là que je n'avais plus le voile devant les yeux, sans liens et maîtresse de moi-même, j'étais redevenue toute d'orgueil. Il y avait bien les deux cavaliers, mais je ne pouvais me persuader de craindre des domestiques. En ce temps-là, quoi qu'en aient pu dire les pamphlets vilains contre la noblesse, qui étaient faits par des espèces qui n'étaient guère eux-mêmes que des laquais bâtonnés, il n'y avait, dans la bonne compagnie et, en surplus dans la bourgeoisie même, que des vieilles guenippes traînées et pourries pour qui les domestiques fussent des hommes.

La voiture s'arrêta. C'était sur le boulevard de Montparnasse, à peu près à moitié chemin entre la rue de ce nom-là et la rue de Vaugirard.

Je ne bougeai ni pied ni aile. Mon dogue avait fait quelques soubressauts. Il était immobile maintenant, étendu, mort, — on en pouvait jurer, — contre la portière du côté droit. Un rayon oblique de la lumière de l'une des lanternes arrivait, fort troublé et confus, sur le visage du cadavre, qui était jaune, grimaçant horriblement. Un de ses yeux était caché, l'autre était ouvert, qui me regardait fixement, comme me menaçant encore. J'aurais cru être une lâche mortelle, si j'avais détourné la vue de cet œil qui me considérait comme en un défi. On en dira ce qu'on voudra, et que j'eusse dû m'évanouir. J'avais autre chose à faire. D'ailleurs je me disais que si, en ce moment, je n'étais pas avilie, c'est que j'avais tué ce scélérat, et je ne le regardai que pour en triompher et être contente de moi. Est-ce cela d'une âme sauvage, de ces cannibales de la Mer du Sud, dont on dit qu'ils mangent leurs ennemis non par bon appétit mais par orgueil?

Encore une fois, je le veux bien. Mais, en attendant, j'étais sauvée, et mon corps tressaillait d'aise de n'avoir reçu aucune injure.

Je savais que j'avais encore quelques bons coups à donner à ces espèces maudites qui galopaient là et s'étaient arrêtées avec la voiture. J'avais, comme on pourrait dire, ramassé tous mes esprits, comme un chat qui se replie pour mieux bondir ; tous mes sens veillaient.

Un des deux cavaliers, après avoir attendu quelques instants, ouvrit la portière de droite. Le cadavre y était appuyé. Je l'aidai à tomber, en le poussant du pied avec mépris. Le corps tomba dans la boue, car ces boulevards n'étaient guère que des chemins de campagne; et je me rappelle que je fus heureuse que c'était de la boue pour le recevoir.

Quand le domestique vit glisser cette masse inerte, pleine de sang, et pencher, tomber et rebondir mollement comme une outre dégonflée, cette tête livide que les lueurs de la lanterne couvraient de longues rides jaunes et noires, il fut pris comme de folie. Il poussa un grand cri :

— *Horrid! horrid!*

Et piquant des deux, il s'enfuit en continuant de crier.

Je comptais bien. De mes quatre ennemis, il ne m'en restait que deux. Je ne bougeai pas encore. L'autre domestique accourut. Je ne fis que l'entrevoir. Je le reconnus pourtant. Son air chien, son abominable poil de Judas m'avaient frappée quand on me l'avait présenté, sous le nom de lord Poormanor. Je m'étais même dit, à part moi : — « Si jamais je rencontre ce seigneur dans la forêt de Bondy, je lui demanderai *la bourse ou la vie*, pour prendre les devants. » Il était, sans doute, d'une espèce plus flegmatique que son compagnon. Il regarda un instant le cadavre. Puis, tout brusquement, il éclata en un rire joyeux :

— Bien alors. La femme est pour moi seul, et

le souper aussi. Au diable ce petit Français de cocher ! Je lui casserai les reins.

Mon cocher seul le préoccupait. De moi, il ne faisait aucun cas. Il ne se rendait pas compte de ce qu'il voyait. Il ne se disait pas que si j'avais su me défendre contre son maître, je voudrais sans doute me défendre également contre lui. Peut-être se croyait-il plus fort, peut-être était-ce seulement un être féroce et stupide. Il prit un des pistolets qui étaient dans ses fontes et tira sur le cocher. Il saisit vivement l'autre et tira à travers la voiture, sans viser. Je suppose qu'il voulait seulement me paralyser par la frayeur.

Ce n'est pas cela que j'éprouvai, mais un accès de rage, comme je n'en ressentis jamais. L'idée que ce plat pied me trouvait faite pour lui, et bonne à être disputée entre lui et mon cocher, me saisit avec une telle force que j'en devins folle, mais je dis folle à lier. Et ne raisonnant plus, ayant de nouveau perdu tout sang-froid, agissant uniquement avec l'instinct d'une bête fauve, ou plutôt sans plus de réflexion qu'une balle lancée par la poudre, je me précipitai vers la portière.

Le laquais était tout contre, se préparant à descendre de cheval, ayant déjà quitté, sans doute, les étriers. En me voyant, il tendit les bras pour me saisir, en répétant, — chose curieuse, mais qui me frappa seulement plus tard, — quelques-uns de ces mots obscènes que sir Stephen avait murmurés pendant sa courte agonie, et que je ne comprenais qu'à demi, malgré ma parfaite connaissance de l'anglais. Je recommençai le coup qui m'avait réussi. Cette fois, j'avais toute ma force et toute l'espace. Le poignard entra profondément.

Je reçus sur l'épaule gauche un coup de canon de pistolet, dont le bout me fit en même temps une blessure légère au front. Je redoublai à plusieurs reprises. Il frappa de nouveau, mais sans m'atteindre. Je piquai vivement le cheval, qui se dressa sous la douleur, renversa son cavalier dans la boue et partit à fond de train.

Je sortis lestement. Le siège était vide. Le cocher s'était enfui, laissant son manteau, pour mieux courir, sans doute. Ce manteau me parut le comble du bonheur. Toutefois, je ne songeai pas à en remercier Dieu. Pour le coup, j'étais tellement fière de ma victoire complète, que, si l'on m'avait interrogée sur cet Être que j'avais invoqué une demi-heure auparavant, j'aurais répondu que cela n'était pas et que j'étais pleine de mépris pour lui.

En voyant tomber mon dernier ennemi, j'étais rentrée dans mon sang-froid habituel. Le boulevard était désert, et, par le mauvais temps, je n'avais pas beaucoup à craindre que quelque passant mît le nez dans mes affaires. Mais les pistolets avaient fait du bruit, et il y avait la garde de Paris. Je ne craignais pas beaucoup la garde à pied, ni le guet, quoiqu'il y eût là un sous-aide major, M. Framboisin de Lisle, qui était un homme actif. Mais la garde à cheval pouvait arriver jusqu'à ces quartiers lointains, d'autant qu'on parlait également d'un autre sous-aide major, M. de Lassus, comme d'un crâne. Faite comme une brûleuse de maisons, et, en surplus, couverte de sang ainsi que j'étais, il fallait à tout prix éviter d'être prise. Car, prise, j'étais emprisonnée; et, emprisonnée, l'ambassadeur d'Angleterre eût fait feu des quatre pieds pour venger son parent, surtout contre une fille de la Comédie, à qui on n'eût pas permis des postures de Lucrèce.

Je vêtis donc le manteau. Le sol était jonché de trois chapeaux. Je pris le premier venu, après avoir mis mon mouchoir autour de mes cheveux : même en ce péril mortel, je songeais à la propreté, y tenant plus qu'à la vie. Je montai sur le siège de la voiture, et, sans m'inquiéter d'écraser les cadavres que j'eusse eu, au contraire, plaisir à faire piétiner, je dirigeai mon bon cheval qui n'avait pas bougé, au milieu de cette pistoletade, vers la rue de Montparnasse. Au bas de celle-ci je trouvai une rue qu'on nommait Notre-Dame-des-Champs et qui était déserte et, sauf quelques hôtels, toute en jardins.

Là je crus entendre un bruit de cavalerie. Je me jetai dans le cul-de-sac de Notre-Dame-des-Champs, où il faisait noir comme en un four, et je me cachai sous l'auvent de l'hôtel de Lameth, en me promettant, si cette cavalerie venait dans mon voisinage, de laisser là ma voiture, et de me jeter dans les jardins, qui communiquaient avec les terrains du Luxembourg.

Le bruit passa. Je repris mon chemin et j'arrivai à ma maison de la rue de Vaugirard, sans autre rencontre que deux filous ivres qui tombèrent en essayant de courir après moi. Lorenz me vint ouvrir, sans témoigner aucun étonnement de me voir en l'état où j'étais. Mero, en entendant du bruit, avait lestement passé ses chausses car c'était un homme à prendre difficilement engourdi. Il apparut avec une espingole à détruire une compagnie tout entière, et me voyant ensanglantée, il sourit. Camera, à qui sa grande pudeur naturelle ne permettait pas de se montrer sans être couverte jusqu'au menton — elle faisait j'ignore pourquoi, moins de façon pour ses chevilles — tarda un peu plus à accourir. Elle ne parut pas plus étonnée en voyant la belle peinture de boue et de sang dont j'étais chamarrée.

— Mademoiselle a corrigé un insolent? demanda-t-elle froidement.

— Deux, Camera.

Là-dessus, voici mon Mero qui se précipite à mes genoux et baise avec une dévotion profonde mes mains rouges et noirâtres.

— Fais-moi vite un bain tiède, lui dis-je, et prépare-toi à sortir dans quelques instants. Il s'agit tout uniment de n'être pas pendue en place de Grève.

Mero se redressa avec une froideur altière :

— Notre reine peut être assassinée, elle ne peut pas être pendue. J'ai prévu ce cas. Le mot est donné de mettre le feu à cinq cents endroits de Paris à la fois. Ils sont désignés. Nous sauverons Mademoiselle pendant l'incendie.

Je n'acceptai pas la proposition de mettre le feu à Paris. Sans changer de robe, je me mis à écrire à M. de Coigny qui, n'étant plus rien à la Cour, devait être trouvé à son hôtel situé, comme on sait, rue Saint-Nicaise, en face le château des Tuileries.

« Monseigneur,

« Il y a deux heures, j'étais une héroïne de comédie. *On* m'enlevait, pour le mauvais motif. La comédie était à quatre personnages, sans compter l'infante enlevée. Cet *on*, c'est sir Stephen Ellis, fort premier rôle amoureux. Ses deux grands laquais à qui je n'avais pas permis de jouer celui de mylords, comme vous daignerez peut-être vous le rappeler, étaient les confidents et s'apprêtaient à devenir de grandes *utilités*, destinés qu'ils étaient à me traiter avec la plus grande sensibilité, quand la vengeance du sire serait assouvie. Pour mon cocher, c'était le traître. On l'avait payé pour oublier le chemin de ma demeure et s'imaginer que je loge sur le boulevard du Montparnasse, dans une petite maison sourde et muette, qui est à sir Stephen. Celui-ci me voulait à toute force, — c'est bien le mot. — La question était de savoir si je tomberais en faiblesse, et c'est tout le nœud de la comédie.

« A cette heure, Monseigneur, voici que j'ai quitté l'écharpe de Thalie, laquelle me servait de baillon, pour le poignard de Mélpomène. Il était bien affilé, et je m'en suis servi si bellement que le premier rôle amoureux est actuellement étendu aux alentours de sa petite maison. A quinze pas de lui l'un de ses confidents est étendu en même posture; et ils doivent être occupés, en ce moment, à débattre, avec le vieux nocher que vous savez, le prix du passage sur le Léthé. — Je grince des dents en pensant à ces deux scélérats. — Les deux autres sont partis, triplant de jambes, peu désireux qu'ils sont, sans doute, d'aller faire leurs révérences à Eaque. — Il est possible qu'Eaque ne soit pas le plus titré des juges des Enfers; mais, quand je grince des dents, cela me trouble un peu la mémoire.

« Je sais que j'ai bien fait. Je suis fière d'avoir agi ainsi. Je suis prête à recommencer. Mais il ne suffit pas que je sois de cet avis. Il ne serait pas mal qu'il fût partagé par M. Louis Thiroux de Crosne, lieutenant-général de police, et qu'on dit méticuleux sur les tragédies. Il serait bon aussi que celui-ci fît les cinq sens de nature pour ranger à cette opinion un M. de Saint-Paul, qu'on dit être l'inspecteur de police chargé de ce quartier du Luxembourg. Celui-ci n'aura pas de repos, — on peut le croire, — jusqu'à ce qu'il se soit demandé ce que font là ces deux Anglais, couchés dans la boue du boulevard, sans intention de se relever jamais.

« C'est une posture toute faite pour monter

l'imagination d'un inspecteur de police. Toutefois, grâce à la bonne renommée qu'ont les insulaires de ne pas faire les choses comme les gens de par ici, on pourra peut-être persuader cet inspecteur que ces deux Anglais, mangés de vapeurs, et gros de faire une chose dont on parlât, se sont poussés jusque-là pour se suicider en paix.

« Enfin, si fière que je sois d'être sortie de danger héroïquement, comme il sied à une princesse Cantabre dont les ancêtres ont considéré Jules César comme un morveux, je ne vois pas sans quelque noirceur la perspective d'aller me promener en place de Grève, avec une vilaine escorte d'escogriffes de la prévôté, moi petitement vêtue d'une petite chemise mal lavée, pour, de là, mettre mon joli cou dans un nœud coulant.

« C'est bien cela qui m'attend si mylord de Dorset se rappelle que le personnage étendu sur le boulevard était son parent.

« Vous avez été, Monseigneur, si heureux de n'être pas aimé de moi que, pour me remercier de cette bonne fortune, nous m'avez promis de me rendre les plus grands services. Je viens donc vous demander le moyen de n'être pas pendue. J'imagine que pour un service important on peut choisir celui-là.

« J'aurais dû vous écrire sur le ton lugubre. Vous m'allez croire un monstre d'insensibilité. Poussez, poussez toujours; je suis mieux que cela, je suis un monstre de férocité. Quand je pense que je suis vengée, et que, au lieu d'être aux mains de trois coquins, ce sont ces coquins qui sont dans la boue, ma bonne vérité, je chante et je m'en vais danser. »

Au vrai, jamais je n'avais été aussi allante et joyeuse. Il y avait bien cette voiture ensanglantée qui me dragonnait un peu. Heureusement Méro n'était jamais plus embarrassé qu'un moineau franc. Il avait des gens à sa dévotion dans tous les corps de métier, et les plus hardis coquins de l'univers, avec les cachettes les moins trouvables. Il m'assura qu'il s'en allait cacher ce vis-à-vis compromettant jusqu'à ce qu'il fût lavé et le cheval reposé, si bien que les vingt inspecteurs de police, chaussassent-ils les lunettes de l'almanach Liégeois, n'y verraient que fumée.

Il partit avec ma lettre. Il revint au bout de trois heures, ayant dû attendre M. de Coigny, rentré fort tard. Il avait une réponse.

« Vous avez raison, Mademoiselle, on ne saurait payer trop cher le bonheur de ne pas vous aimer. Ce pauvre sir Stephen en sait quelque chose, et beaucoup trop. Je dis pour lui ; car pour vous, tubleu, quelle Bradamante ! Je frissonne rien qu'en me rappelant que j'ai eu l'audace de croire que vous avez les plus beaux yeux du monde. Il me semble que pour ce crime je me réveillerai demain avec un poignard cantabre dans mes entours.

« En fait, Mademoiselle, l'affaire peut tourner au tragique. Chacun sait que le chevalier était ivrogne et brutal et qu'il s'était vanté de ce qui lui a si mal réussi. Mais si l'orgueil, qui est extrême en Angleterre, se met dans le jeu, je veux bien gager qu'on ne déclarera pas la guerre à la Grande-Bretagne pour éloigner votre joli corps de cette chemise trop courte. Peut-être pourrait-on obtenir que cette chemise fût allongée et mieux lavée. Mais vous êtes partie pour ne pas trouver ces attentions suffisantes.

« Je m'en vais donc à Versailles, guetter l'heure où il fera jour chez Mme de Tarente, qui est la bonté même et ma parente. Elle est en ce temps-ci auprès de Sa Majesté, dont elle est, vous le savez peut-être, dame du Palais. De plus, M. de Dorset l'a en grand respect, et elle ne l'autorisera pas à lui parler de cette chemise si courte.

« Vous, de votre côté, partez sans tarder pour Versailles. Allez frapper, rue Saint-Louis, chez M. Vaussay de Bauregard, écuyer de la Reine. Il est de quartier en ce moment. D'ailleurs, c'est un homme austère. Votre poignard peut dormir profondément. M. de Vaussay voudra bien vous donner refuge pour quelques heures. Je vais mettre un billet chez lui, où l'on ne vous cherchera pas. Moi, je monte en voiture pour vos beaux yeux... Vrai! ce poignard! qu'il dorme donc! Je vais tâcher de lui donner l'exemple. Quand il sera bien endormi, me sera-t-il permis de me réveiller pour baiser ces mains féroces, mais si fines, mais si blanches, mais si divinement sèches, qu'on est presque tenté d'envier ceux qu'elles font mourir. »

Il ajoutait que si, pendant le chemin, il m'arrivait quelque accident, je me réclamasse de M. Augeard, secrétaire des commandements de la Reine, lequel, dirais-je, me faisait appeler pour quelque arrangement, au théâtre de Trianon. Il envoyait quelqu'un à Paris, chez cet Augeard, rue de Montmartre, pour lui donner le mot du guet.

Il était difficile d'être plus honnête homme, et cette délicatesse gracieuse qui veillait à tout était bien de lui. Je comprenais bien qu'on pût avoir pour lui une amitié tendre, comme la Reine; une passion constante, comme Mme d'Andlau. Moi, je n'eusse eu qu'une chose à lui donner, c'est mon honneur, et cela je le mettais au-dessus de ma vie, et de la sienne, et de tous les services que le monde entier pouvait me rendre. Je me rangeai donc à l'ingratitude.

Mais, quand j'eusse dû être rouée, il me fallait prendre un bain. D'ailleurs, je n'étais pas aussi effarée que M. de Coigny le pouvait croire. Une fois chez moi, je ne craignais pas d'être prise du premier bond, à moins que mes deux bourreaux ne fussent pas bien morts. Mais j'étais sûre qu'ils l'étaient, comme cela, en effet, se découvrit être vrai. Ils ne parleraient donc pas. Pour les deux qui s'étaient sauvés, étant les complices d'un rapt, ils ne devaient pas avoir hâte d'aller mettre leur langue dans les oreilles des gens de M. de Crosne. Je restai donc paisible comme une souris, bien joyeuse, dans son trou. Mon bain pris, je dormis comme un enfant et ne rêvai pas de poignards, mais de mon inconnu, mon futur époux, pour le bonheur domestique de qui je distribuais tant de coups de couteaux.

Je me réveillai avec le teint de la dévote la plus reposée. Il n'y avait pas moyen de prendre une chaise de poste, car il fallait, pour l'avoir, un passeport de l'un des administrateurs de la poste de Paris, et indiquer là où l'on allait. Comme j'ai dit, je ne voulais pas être prise sans avoir fait jouer mes batteries : il fut donc convenu que Mero m'aurait une voiture et qu'il la ramènerait après m'avoir mise chez M. de Vaussay.

J'eus le grand tort d'oublier de défendre à

mon Basque de mettre ses amis sur pied. Aussi, ce jour-là, y eut-il une armée de loqueteux qui envahit Versailles, et une bande de chaudronniers et de vanniers qui occupèrent la rue Saint-Louis, sans compter des espèces de capitaines, avec des brettes du temps du roi Petaud et des figures à crosser, qui mirent l'émoi sur toute la route qui va de Paris à Versailles. Cette armée de la Cour des Miracles, était ce qui restait des héros qui avaient traité de haut César et Charlemagne et, pour tout dire, c'étaient les seigneurs de mon royaume, mais cette armée-là m'eût enlevée à toute la maréchaussée de France, si l'on m'eût saisie.

Je restai tout ce jour-là enfermée chez M. de Vaussay, que je ne vis pas. En cela encore je reconnus la délicatesse de M. de Coigny.

J'avais été reçue par une vieille dame, Mme de Chameulles, dont le fils était secrétaire général des Ordres de Saint-Lazare, de Jérusalem et de Notre-Dame-du-Carmel, et dont la fille, alors morte, avait épousé M. de Vaussay, avec lequel la vieille dame demeurait.

Je ne connaissais, pour dire vrai, rien de la France, hormis les vilains coins de la société, la partie corrompue de la Cour et de la Ville, les débauchés dans tous les genres, les furets d'antichambres, toutes les plates espèces qui vivent en parasites dans l'air corrompu que nous formions autour de nous. Ce que je connaissais de meilleur, c'étaient quelques auteurs, encore ne mettaient-ils pas leur cœur sur son propre pour nous venir cajoler. De la province, du clergé, de la noblesse, de la bourgeoisie, des honnêtes gens, et des honnêtes femmes, de la vie intime, je ne savais rien. J'en jugeais à vue de pays, avec l'imagination la plus folle ; soit d'après des romans écrits par des plats-pieds qui n'avaient jamais dépassé le cabinet des intendants et jugeaient les maîtres par la livrée qu'ils hantaient ; soit d'après les critiques qu'on en faisait dans nos coulisses où, sans en connaître davantage, et en jugeant le tout d'après quelques jeunes libertins et quelques vieilles libertines, on parlait des grands seigneurs et des grandes dames, comme si l'on avait joué à la fossette avec eux.

Je vis donc, pour la première fois, une dame française, et je n'en fus pas bonne marchande. On me recevait, parce que c'était l'ordre et service du Roi, et c'était tout. On ne me laissa manquer de rien. Par l'habitude de la bienséance et de la politesse, et par respect pour soi-même, l'on fut aux petits soins, je dis uniquement en ce qui touchait à la nourriture et au logis. Mais je compris bien, — ce fut aussi pour la première fois, — le mépris dans lequel nous étions tenues. J'étais, à n'en pas douter, pour Mme de Chameulles, une incarnation du diable et d'un diable à ne pas toucher avec des pincettes.

On m'avait donné une chambre à coucher fort belle où l'on avait laissé un crucifix, et je sais maintenant pourquoi. C'est que Celui qui était ainsi torturé était venu de l'autre monde pour purifier les femmes comme moi, et qu'il était si divinement doux, que lui seul pouvait ne pas me mépriser. Mais les portraits de famille, les tableaux de piété, les statues de la Vierge et les Saints avaient été voilés, comme pour leur demander pardon d'amener en leur voisinage un être aussi avili.

La vieille dame, quand j'entrai, me fit une révérence hautaine et me tourna le dos avec autant de dégoût que la politesse le permettait, et ce mépris quadrait si peu avec la bienveillante sérénité de cette vénérable physionomie, que je compris tout le naturel de cette répugnance. J'étais une chienne, sans plus. Cela me fit un grand bouleversement et j'entrevis qu'il y a quelque chose au-dessus d'être belle, fort orgueilleuse, et de faire ses fantaisies.

Elle ne permit pas à sa vieille camériste qui, avec plus d'effroi et de curiosité, avait le même mépris pour moi, — et cela me confondit plus bas que terre, — de venir seule auprès de moi. Elle ne voulait pas imposer cette compagnie d'une lépreuse à cette digne personne qui, elle, n'était pas obligée de se sacrifier pour le service du Roi. Peut-être aussi craignait-elle que l'odeur vilaine qui sortait de ma personne intérieure ne portât au cerveau de cette vénérable duègne.

On m'avait donné, pour me servir, un ancien

domestique, qui avait été un hussard de Conflans, un bon vieux Rodrigue, qui avait battu la calabre. Il fallait un brave à quatre poils pour approcher d'une espèce pestilentielle de ma sorte. Ce grivois du temps du maréchal de Lowendall me servait avec des clins d'œil galants et une aisance d'allures qui était repoussante. Il me confondait quasi complétement avec les dulcinées qui étaient à la suite de son régiment (pour sa maîtresse, j'étais, sauf ce que les blanchisseuses pouvaient faire en ma faveur, la même chose, tout à plein). Il voulut même me raconter, croyant me plaire, quelques violentes houzardailles de la campagne d'Allemagne. Je le remis à sa place si vivement qu'il en laissa choir une fort belle soupière.

Si je n'avais été condamnée à cette journée de solitude, ces observations, n'étant pas femme à m'embéguiner de réflexions, eussent vite fondu en moi. Mais je ne sais comment cette conduite des honnêtes gens envers moi me remit à l'esprit l'étonnante surprise que j'avais eue, la veille, à l'apparition de l'idée d'un Être supérieur.

Il n'en fut rien de plus alors, car j'eus bientôt une vie agitée. Mais j'en pris une pensée vague contre l'infaillibilité de l'esprit des philosophes. Par le mal qu'ils m'avaient fait froidement, je savais qu'ils sont égoïstes et méchants. Mais je croyais à leur finesse. Il me vint alors en soupçon qu'ils peuvent bien être des sots, en surplus. En comprenant combien j'étais honnie dans la paisible et bienveillante opinion des femmes respectables, je les trouvai plus scélérats encore de m'avoir donné le dédain de cette opinion.

Je me roidis là contre, étant de nature noble et inflexible. Mais sans songer à me priver de mes fantaisies pour plaire au public, je cessai de l'affronter, par effronterie et par le seul but de faire hurler après mes jupes. Je pensai que ce commencement de délicatesse et de réserve ferait plaisir à mon inconnu. Mais le saurait-il, seulement?

Le lendemain matin, une femme de la princesse de Tarente me vint quérir dans une voiture sans armoiries. Je demandai à aller remercier mon hôtesse. Mais, faute de savoir comment se tirer d'affaire entre sa politesse et mon *impureté*, qui eût souillé son salon, elle me fit dire par mon gaillard d'invalide qu'elle n'était pas des mieux portante. Pour celui-ci, je le traitai assez généreusement pour le laisser penaud.

J'en finis avec Mme de Chameulles, que je revis plus tard en la prison du Luxembourg, mais il faut dire comment je la quittai cette première fois : Je lui envoyai, quelques jours plus tard, un bijou de forme ancienne que je cherchai parmi ceux que ma belle-mère m'avait légués.

Tiron de Nanteuil, mon bijoutier, de la place Dauphine, me dit que c'était un reliquaire. Il m'expliqua ce que cela signifie, et c'est un coffret que l'on orne du mieux possible, parce qu'il doit contenir un souvenir de quelqu'un qu'on aime et respecte tendrement.

J'y ajoutai un billet, et ce fut la première fois que je ne me montrai pas insolente envers qui m'avait injuriée. J'écrivis que Mme de Chameulles m'avait traitée comme une excommuniée, mais que c'était une grosse erreur, ainsi que le premier prêtre venu pourrait le lui affirmer, les acteurs de la Comédie-Italienne étant exemptés de cette punition. — Je cherchais les mots les plus polis pour ne la point blesser.

— « Permettez-moi, Madame, d'ajouter que s'il y a, à la Comédie-Italienne, des infantes qui tuent le temps en détaillant des fleurettes à prix d'or et de diamants, il n'y manque pas de femmes qui font une main à fond avec le Bon Dieu. Je ne parle pas de moi, qui ne connais pas d'autre divinité que l'Honneur, ni de Mlle Colombe, bien qu'elle ait, de sa personne, rendu le pain bénit, en baissant les yeux, parce qu'elle les a, depuis lors, relevés en battant l'œil. Mais Mlle Gontier n'entre jamais en scène sans faire un signe de la croix derrière la coulisse ; Mlle Carline entend la messe chaque jour, et elle porte une chemise de crin qu'on nomme un cilice. M. et Mlle Trial, son épouse, entendent, chaque dimanche, la haute messe, à l'église de leur paroisse, qui est Saint-Roch, ou Saint-Honoré... »

Je ne reçus pas de réponse. Mais, ne voulant pas me faire l'insolence de me renvoyer ce bijou, par crainte de m'avoir mal jugée, d'autre côté n'osant le détruire puisque cela était un reliquaire, on l'avait gardé.

J'en suis donc au lendemain matin, dans une voiture, avec une femme de la princesse de Tarente, qui était, —je dis la femme, — une belle coquette murissante et fort phrasière. Elle s'empressa à me tirer les vers du nez, mais elle fit provision de plus de chicotin que de sucre.

Toute la ville connaît le palais de Versailles, et chacun sait où est situé l'appartement de la Reine. Aussi ai-je bien ri quand j'ai lu dans le récit des affaires du 6 octobre qu'il fallut que ce fût le duc d'Orléans lui-même qui enseignât la situation de cet appartement à la canaille parisienne qui envahit le château ce jour-là. Cela était imaginé sottement; tous les bourgeois de Paris jusqu'aux plus petits, pourvu qu'ils ne fussent pas en guenilles, et tous les artisans pourvu qu'ils fussent sur leur propre, s'empressent à visiter le palais le jour de la Procession des Cordons-Bleus, à défiler devant la table du Roi, à certaines fêtes, et n'avaient rien de plus à cœur que de savoir où logeaient la Reine et les princesses.

Mais les gens de la Cour, seuls, grands seigneurs et grandes dames, et les domestiques, connaissent l'intérieur de cet appartement. Aussi, ayant dans ma curiosité et sang de Bohémienne le goût d'observer les lieux et passages, je regardai le tout très vivement. Bien m'en prit : car si je m'étais laissé conduire à l'étourdie, je n'eusse pu sauver la Reine, comme chacun sait que je le fis le 6 octobre au matin.

Une antichambre s'ouvrait sur la chambre à coucher de Sa Majesté par une porte à deux battants, placée en plein milieu du panneau. Mais il y a dans le coin, à gauche, une petite porte qui n'est pas apparente.

Dans l'antichambre, je rencontrai Mme Thibaut l'une des femmes de plus de confiance de la Reine. Elle m'attendait. Elle ne me fit pas l'honneur des deux battants. Elle m'ouvrit la petite porte bâtarde. Je me trouvais dans un couloir peu clair où aboutissaient plusieurs ouvertures, et rejoignant le corridor secret qu'on nomme le Passage du Roi, par où Sa Majesté se rend chez la reine ; je notai que Mme Thibaut prenait sur la droite, et je fus introduite dans la chambre à coucher de Sa Majesté.

Il y avait là quelques dames, car mon affaire était connue, curieuse, et l'on en causait dans l'entourage de Leurs Majestés.

Je vois très bien encore la scène. J'avais l'œil d'un chat qui guette l'ouverture d'une ratière.

Il faut que je dise encore que j'avais, ce jour-là, l'esprit aussi éveillé que les yeux. J'avais vu, le long du chemin, que le soleil était gai, les jardins parfumés, les oiseaux doux à entendre ; et c'était une aimable découverte pour une femme qui ne se levait jamais qu'au milieu du jour. Ai-je rappelé que c'était le mercredi 20 mai ? Et les rues étaient pleines de gens pauvres et riches, jeunes fillettes jolies et vieilles dames vénérables, escortées de jeunes gens qui avaient l'air décent, et de vieux chevaliers de Saint-Louis qui portaient fière mine. Ma compagne m'avait dit que cela était ce qu'on nommait les processions des Rogations. En l'interrogeant, j'avais compris que tous ces honnêtes gens s'en allaient chantant par les champs verdissants pour remercier Celui qui avait créé le beau printemps. Je ne sais si c'était les nouvelles pensées qui voulaient, elles aussi, verdir, ainsi que le printemps, en mon esprit, mais cela me parut beau.

Mme Thibaud alla, en glissant, comme une souris surprise, se ranger derrière le lit de la Reine, où je vis deux autres têtes curieuses, qui étaient celles de Mme Augier et de Mme Campan ; celle-ci paraissant plus espionne que curieuse, et je fus sûre du premier coup d'œil qu'elle observait pour le compte d'autrui plus que pour le sien.

On pense bien que je ne connaissais personne et que tout ce que je sus des noms, ce fut par M. de Coigny, à qui je peignis les masques d'une façon si vive qu'il en mourut de rire et reconnut les visages.

La Reine était assise dans un fauteuil, et, autour d'elle, très exactement en rang, à droite et à gauche, d'autres dames étaient posées gênées sur les tabourets dont elles occupaient le bord.

A la droite, c'était Mme de Polignac, la gouvernante des Enfants de France, à qui la Reine communiquait ses remarques à voix basse, et que, favorite jalousée et jadis si pauvre, personne ne regardait. Elle avait derrière elle la baronne de Mackau, dont la physionomie grave et sereine me plut fort et qui était la sous-gouvernante.

A la gauche de Sa Majesté, mais non aussi près que l'était Mme de Polignac, se tenait la princesse de Chimay, la dame d'honneur, qui avait à ses côtés une vieille dame, la comtesse d'Adhémar, échangeant des signes avec une jeune femme, la duchesse de Fitz-James, tandis que, de l'autre côté et auprès de Mme de Polignac, une autre vieille dame, la duchesse de Duras, se tenait fort roide à côté de la duchesse de Luynes. Un peu plus bas à gauche, deux toutes jeunes femmes, les comtesses Eugénie de Gramont et de Maillé, ayant en face d'elles, à la droite, la comtesse de Polastron et la marquise de Châtillon, qui étaient là par faveur, n'étant pas de la maison de la Reine. Je regardai vivement la marquise qui était belle, grande et blonde, et idolâtrée, comme j'ai dit, par M. de Coigny.

Sa Majesté avait fait signe à la princesse de Tarente de venir prendre place derrière elle, pour lui donner des explications. Cela fut pour moi une comédie à en mourir : la vénérable et bonne dame étant fort empêchée dans son rôle, fort penaude d'avoir une cliente de ma sorte, maudissant à part soi le duc de Coigny qui l'avait ainsi affublée, et en surplus beaucoup moins renseignée que la Reine qui, la veille, avait cherché à voir clair.

Je compris d'un clin d'œil que je n'avais d'appui que dans l'esprit des deux dames qui tenaient les deux extrémités du cercle : Mme de Châtillon protégeait en moi une fille qui n'avait pas cherché à lui enlever son ami ; Mme de Polastron, très douce et très tendre, commençait cette passion pour le comte d'Artois, qui devait être si ardente, et elle en était portée à l'indulgence pour tout le royaume des amours où l'on ne doutait pas que je ne fusse dans les Honneurs de la Cour.

Les deux plus jeunes dames du Palais me regardaient avec un air non pas malveillant, mais très caustique ; avec une touche de jeunesse en liberté. Il faut savoir que la comtesse de Gramont avait la renommée de railler toute la terre et que Sa

Majesté lui permettait de ne pas s'astreindre à la morgue de l'étiquette; elle en prenait des airs de reine des moineaux francs.

Les autres dames avaient des visages de marbre, comme des gens qu'on a réveillés trop tôt, pour assister à une pendaison. Au vrai, selon elles, c'était ce que je méritais. L'on n'avait jamais ouï parler d'une comédienne aussi sanguinaire, d'autant que la victime était un homme de qualité, pour lesquels les Filles de la Comédie devaient être gibier à courre et à forcer. Voilà ce qui se tournait dans ces têtes de princesses, pour la plupart bonnes et très honnêtes. Mais comment, mères et épouses, n'eussent-elles pas détesté tout ce qui sortait de ce colombier de Vénus où l'on ne songeait qu'à apprivoiser leurs fils et à ruiner leurs époux.

Mon regard se fixa, pour un instant, sur la Reine. Elle avait une laide bouche, large, avec des lèvres droites, un lourd menton rond comme le gros bout d'un œuf, des joues un peu creuses, avec une pointe de pommettes saillantes et une taille point fine. Mais elle saisissait par la grâce de son cou, grâce, à quoi je n'ai jamais rien vu de comparable, mais surtout par la beauté de son front! Ses yeux étaient également fort beaux et d'une expression de bonté qui attendrissait quand on l'envisageait de face. De profil, son nez, qui était fort, lui donnait une expression altière. Je fus donc bien trompée, tablant sur les bruits publics qui la disaient très belle et très dure. Je la trouvai point jolie et très bonne.

Elle me considéra avec attention et d'un air de perspicacité. Je compris que ma physionomie avait joué son jeu ordinaire, qui est de forcer l'estime et la sympathie. Bien plus, Sa Majesté, qui avait supérieurement le don de voir clair dans l'esprit des gens, me devinait mieux que beaucoup d'autres ne l'avaient fait.

Pour moi, quoique rebelle comme un chat de gouttières, je fus subjuguée, et je sentis que je lui étais dévouée pour la vie. Je suis ainsi faite et tout en moi va de premier bond, sans en revenir. Il parut, sans doute, quelque chose de cela, car l'œil de la Reine était fort doux quand il cessa de m'observer.

Elle dit quelques mots à Mme de Polignac, d'où M. de Coigny le sut par Mme de Polastron, sa belle-sœur, et c'était que je lui figurais un fruit très vert perdu à un vieil arbre et entouré d'une écorce épineuse. Comme il est possible que ceci tombe sous les yeux de quelque sot Huron, il me faut expliquer que c'est de Mme de Polignac que Mme de Polastron est belle-sœur, et que c'est le fruit et non l'arbre qui est entouré d'épines.

Elle me dit d'une voix froide, où perçait toutefois la bienveillance :

— Mme de Tarente n'a pas la prétention de vous connaître intimement, — et l'air penaud de la digne dame donnait à cette phrase une telle pointe d'ironie que la comtesse de Gramont faillit en éclater, — mais elle a été renseignée sur vous par quelqu'un que nous estimons parfaitement et qui est persuadé que vous lui avez rendu un grand service. — Elle lança un sourire presque imperceptible du côté de Mme de Châtillon, qui rougit légèrement. — Mme de Tarente nous a appris que vous souhaitez en appeler à la justice du Roi pour un fait qui échappe aux règles ordinaires de jugement. Racontez-nous, aussi longuement que vous le croirez bon pour votre cause, ce qui est arrivé. Nous la plaiderons auprès de Sa Majesté qui n'a rien de plus à cœur que de venir en aide aux innocents.

On sait qu'il y a en moi une aisance de mouvements, une simplicité d'allure qui frappent. Je n'avais pas voulu me vêtir de noir, comme une sotte l'eût pu faire ; mais, avec une élégance très unie. J'étais coiffée sans poudre, avec une sorte de crânerie, comme je l'avais pu faire moi-même, n'ayant eu ce matin là, d'autre femme de chambre que mon vieux houzard. J'avais une robe à la circassienne, avec un fichu en forme de chemise plissée, qui allaient à ravir à une tournure alerte, à une physionomie piquante et fine.

Je sus qu'on me trouva un petit air de femme de condition, qui parut au suprême, quand on m'entendit réciter mon histoire avec ce langage moitié tortillé, moitié familier, qui était celui de la Cour de Louis XV. Il en restait encore quelques parties (grâce au duc de Richelieu qui l'avait conservé tel quel), chez bien des grandes dames qui résistaient à cette prêcherie nébuleuse et empiffrée de Jean-Jacques Rousseau.

Je narrai tout uniment la vérité, comme je la sentais, avec cette colère et liberté que l'on me connaît. Je débutais ainsi :

— Madame, j'ose implorer de votre Majesté la grâce qu'elle ne me tienne pas pour une folle. Mais il me faut commencer par me magnifier et dire que je suis la propre fille du roi des Bohémiens d'Espagne, d'où je suis plus pardonnable que toute autre de montrer une sauvagerie un peu barbare.

Cette déclaration, qui semblait une belle fable, excita un mouvement. Chacun interrogea du regard Mme de Châtillon que l'on supposait plus renseignée, et qui eut le courage de faire un signe affirmatif. En quoi elle fut purement héroïque, car c'était avouer son intimité avec M. de Coigny. Pendant cela, Mme de Gramont, dont les yeux riants pétillaient à l'idée d'une sauvagerie de coulisses, murmura, mais si bien que l'on put l'entendre :

— De la sauvagerie à la Comédie ! Depuis quand ?

Chacun y met du sien, l'on s'arrange et tout va !

C'était l'un des premiers vers d'une comédie de *Dumaniant*, *L'Honnête Homme*, que l'on jouait alors avec succès au Pálais-Royal.

Tout brusquement je m'inclinai vers la Reine et répondis :

Ah ! Lucile n'est point d'un pareil caractère.

C'était exactement le vers qui suivait celui cité par Mme de Gramont. Cela parut bien réparti, et l'on en parla pendant plusieurs jours à Versailles. La Reine fit un signe à Mme de Gramont qui se tut pour un instant.

Je racontai, à brefs mots, comment je fus élevée, sans foi ni loi, — et, de vrai, je plaçai mon bossu et drapai M. de Sanghehem et son troupaillon d'horlogers métaphysiques. — J'ajoutai que j'avais pourtant toujours eu en moi la grande fierté de vouloir être respectée. Je racontai ensuite mais ceci par le menu, toute l'histoire de la poursuite de sir Stephen. Cela était connu, avait fait du bruit. D'ailleurs la reine avait fait des informations. Il ne faut pas croire, en effet, que la Royauté fût une scène que l'on jouait pour le public et dont l'on tirait tout l'agrément. Cette théorie de gouvernement est purement révolutionnaire. Sous l'Ancien Régime, dont j'ai dit assez de mal pour qu'on m'en croie, il y avait à côté du pouvoir royal le devoir royal, auquel on manquait parfois comme à tous les devoirs, mais avec remords et pour y revenir. La justice était l'un de ces devoirs, et, bien qu'il y eût un peu de curiosité en la Reine, toutefois elle s'était alambiqué l'esprit pour voir clair en l'affaire.

Je poussai ma pointe hardiment, et ne tardai pas à voir tous les visages se dénuager de l'indifférence. Sa Majesté, très bonne et pleine de philosophie sur l'étiquette, permettait beaucoup; j'entendis des soupirs, des cris étouffés, sans rien de cette grimace de présomption, d'airs et de fatuité, qui est le ton de la Cour; et la duchesse de Fitz-James faillit s'évanouir.

Je voulais avoir ville gagnée dans l'esprit de la Reine dont l'âme simple et fière quadrait avec les beaux côtés de la mienne. Ma bonne vérité! je ne parlais plus pour éviter la place de Grève, mais pour gagner un brin d'estime de ce grand cœur. Ici encore j'eus un instant le cœur serré comme à l'écrou, et mon orgueil reçut sur le museau à la pensée de cette mauvaise renommée où j'avais mis ma vanité et qui forcerait toujours la Reine à penser à moi comme à une impure et à une impie. Je sentis un redoublement de rage contre le marquis de Sanghehem et ses philosophies. Mais je n'eus pas le temps d'être distraite.

Mme de Gramont ne se rendait pas. Était-ce jalousie contre Mmes de Châtillon et de Polastron? Pure taquinerie? Amitié pour le duc de Dorset et l'Angleterre, ou simplement diversité et antipathie de nature? Tant il y a que je restais sa bête. Sa Majesté vit qu'elle désirait parler. Elle le lui permit d'un signe.

— C'est que, si Sa Majesté permet que le désir de souper avec une demoiselle de la Comédie soit puni à coups de couteau, je m'en vais prendre le deuil de la galanterie française!

— Mais, Madame, dit une voix sèche, avec la

permission de Sa Majesté, ce n'est pas de la galanterie française. C'est tout vilainement de la galanterie d'anthropophage.

C'était la bonne princesse de Tarente qui, succombant à ses remords d'avoir jusqu'ici mal défendu sa cliente, entrait en ligne.

Je regardai la Reine avec un respect où il y avait du dévouement, qui la toucha sans doute : elle me fit, avec un signe affable, entendre que je pouvais parler.

— Sa Majesté me permettra peut-être de dire que je ne le porte pas plus beau qu'une autre et que ce serait, en effet, glaçant à une fille de la Comédie de répondre à coups de couteau à un gentilhomme qui désire de souper avec elle. C'est qu'il ne s'agissait pas de souper, mais de me couvrir de honte et de me traiter et faire traiter par des laquais comme une ville prise d'assaut. Il ne s'agissait pas de galanterie, mais d'un duel ; et mon ennemi avait mis toutes les cartes dans son jeu, en achetant mon cocher, en me surprenant, en m'enlevant, en me liant, en me baillonnant, en armant ses domestiques et en me promettant à eux. Ce code de la galanterie française n'est pas connu même à la Comédie. Maintenant que je sais où me le procurer, je tâcherai de l'avoir, de l'étudier pour adoucir la tigrerie des actrices.

Je penchai, d'un geste à peine perceptible, la tête dans la direction où se trouvait Mme de Gramont. Cela était d'une audace à me faire jeter dehors. Mais j'eusse risqué ma tête plutôt que de ne pas me venger de celle qui se déclarait mon ennemie. Celle-ci resta impassible, avec une légère touche de mépris. Mais M. de Coigny me dit qu'on avait trouvé à la Cour que cela était finement tapé, et que si Mme de Gramont n'eût pas eu si bonne renommée de bonnes mœurs, elle en eût été sensiblement raillée. J'ajoutai fièrement :

— Si je n'ai pas été vaincue, c'est que je ne connaissais pas cette manière de galanterie ; si je ne suis pas aujourd'hui une femme avilie, réduite à l'ignominie et au suicide, je le dois à cet orgueil dont on doute et à mon courage.

— Vous devez remercier Dieu, dit doucement la Reine. On peut croire que vous avez été en droit d'échapper par tous les moyens possibles au sort affreux qu'on vous réservait, toutefois...

Elle s'arrêta ; et je ne saurais jamais trop louer la politesse et la délicatesse de ce temps-là. C'était cela qui arrêtait la Reine sur le seul point qui embarrassât encore. Comment supposer, en effet, qu'une fille, renommée pour sa galanterie comme Stella, eût pu être rigoureuse au point de ne vouloir pas épouser un des bons gentilshommes d'Angleterre. Il y avait là un mystère. D'autre part, comment poser à une femme une question, d'où il résultât qu'on la tenait pour avilie.

En ce moment, Mme Thibaud qui était sortie, rentra, s'approcha de Sa Majesté en glissant et en baissant les yeux. Elle lui dit quelques mots à voix basse, après avoir attendu que la Reine l'interrogeât du regard. Puis elle vint à moi et m'engagea d'un signe à la suivre dans la pièce précédente.

C'était l'antichambre de la chambre à coucher. Je remarquai, et je m'en souvins le 6 octobre, qu'on entendait de là la voix des gardes du roi, et qu'ils étaient de service dans la pièce qui précède cette antichambre.

Voici ce qui était arrivé. Le chevalier de Sanghehem avait appris mon aventure. Comment ? C'est un mystère que j'ignore encore. Par je ne sais pas plus quel intermédiaire, il faisait passer à Sa Majesté une attestation de Me Quatremère, constatant que je venais de refuser un bien de cent mille livres de rente, parce que j'y trouvais une vilaine origine. Cette audace du chevalier venant interrompre Sa Majesté, était fort contraire à l'étiquette de la Cour. Mais on était bien loin déjà de Louis XIV et de Louis XV qui, bien qu'il eût, disait d'Alembert, une maladie du cerveau qui le rendait incapable de résister à ses passions, avait gardé toute la fierté des rois de France.

On lut donc l'attestation de Me Claude Quatremère, et là-dessus la princesse de Tarente ajouta qu'elle savait que je n'avais jamais accepté de cadeau, et qu'elle le savait de sources sûres. Il y eut bien quelque petit ricanement de Mme de Gramont, et chacun sourit des fins renseignements que la bonne et respectable princesse avait sur les habitudes de vilaines comme nous. Mais, une fois partie, Mme de Tarente montrait les dents, et l'on ne rit pas trop haut.

Mme Thibaut me ramena dans la chambre de la Reine. Sa Majesté me dit :

— On nous apprend sur vous des choses bien extraordinaires, mais qui sont à votre avantage. Je défendrai votre cause auprès de Sa Majesté. J'espère que vous ne serez pas chagrinée.

J'étais tellement émue de cette affabilité que, malgré ma fierté, je me précipitai aux genoux de Sa Majesté et je lui pris les mains qu'elle fit le geste de retirer, en pensant à ma mauvaise renommée, mais qu'elle me laissa par une réflexion de bonté. Je me relevai et m'inclinai de nouveau devant Sa Majesté, et je fis à droite et à gauche une révérence qu'on ne me rendit pas, comme je m'y attendais et comme cela était sûr, bien que ma révérence sentît la femme de qualité et que j'en pusse remontrer en fait de révérences à la femme présentée la plus usagée. Je m'en allai à reculons sous la conduite de Mme Thibaud. Et me voici traversant l'appartement de la Reine et tombant au milieu de la salle des gardes.

J'y rencontrai — en donne-t-on sa langue aux chiens? — le chevalier de Sanghehem. Il jacassait avec quelques gardes de la compagnie écossaise qui étaient de ses amis et de garde ce jour-là, et entre autres avec deux aimables écervelés. Je ne le dis pas pour en railler; les pauvres gentilshommes! Je ne devais plus les revoir qu'au bout d'une pique et c'étaient MM. des Huttes et de Varicourt.

Quand je vis M. de Sanghehem, je lui fis un beau sourire, qui l'étonna; car je l'avais toujours tenu de très court. Mais, quoique je me fusse tirée à mon honneur de la compagnie dont je venais, et de façon à donner sur moi, ainsi que je le sus, les préjugés les plus avantageux à Sa Majesté, j'étais comme un oiseau qui sort de cage. Je le dis au chevalier, et qu'il était la première branche verte que je rencontrais sous mes pattes pour m'y reposer. Je me rappelle que le joyeux M. de Varicourt rit de ces pattes et de cette branche à en perdre l'haleine. Il ne me parut pas déplaisant, et l'ivrogne Nicolas, qui porta sa tête le 6 octobre, reçut par mes ordres et de mes Bohémiens tant de coups de bâton, espacés avec une si sage méthode, qu'il finit par se pendre avec sa grande barbe, et je ne fus jamais si heureuse que ce jour-là.

En voyant M. de Sanghehem, je saluai Mme Thibaud pour indiquer que je la tenais quitte d'une plus longue conduite, bien que, par politesse, elle me voulût mener jusqu'à la voiture de Mme de Tarente.

Je souriai à ces gardes d'un air d'entre chien et loup, ne voulant pas les encourager en familiarité. Je mis ma main sur le bras du chevalier, je descendis les deux étages jusqu'à la cour des Princes. Là je le priai d'aller relever de garde l'équipage de Mme de Tarente, chez laquelle j'allai faire une visite en blanc, ainsi que chez Mme de Chameulles.

Ces dettes de politesse à demi-payées, M. de Coigny devant faire le reste, je dis à M. de Sanghehem que je lui prenais sa journée et qu'il eût à me faire voir des arbres, de l'eau, de l'air, du soleil et beaucoup d'amitié, sans plus ; car il me semblait que tout cela, comme j'ai dit, m'était révélé pour la première fois. Et nous voici partant de notre pied léger vers les bois de Satory, pour nous égarer ensuite au hasard de nos distractions.

Nous étions, l'un et l'autre, vêtus à la bourgeoise, comme la mode en prenait. A part l'aisance des gestes et la grâce des manières, par où les gens de cour se décelaient malgré eux, et que, en hantant les libertins de la bonne compagnie, nous acquerrions vite dans les coulisses des grands théâtres, rien ne pouvait attirer l'attention sur nous. Nous étions, pour tout le monde, de jeunes époux, fort décents et fort propres, très épris l'un de l'autre, qui couraient les champs ; et puis c'est tout. Le chevalier était en négligé du matin, en frac et en gilet, sans épée, les souliers plats. Moi j'avais passé sur mon corsage en chemise un vêtement de dessus qu'on nommait shall ; c'était un cache-misère pour les femmes qui n'avaient pas de taille et cela commençait d'être à la mode, comme la laideur, les gens grêlés et la démocratie.

Dans le parc, nous rencontrâmes M. de Coigny. Je crois bien qu'il m'avait fait guetter et qu'il nous cherchait. Il sourit tout délicatement en me voyant, de telle sorte que je susse qu'il m'avait aperçue et qu'il était toujours à mes ordres, mais d'un sourire assez fugitif pour que je ne fusse pas obligée de le saluer, s'il me plaisait d'être incognito. Je lui fis signe d'approcher. Il salua, le premier, le chevalier, comme pour lui demander pardon de déranger un si joli tête-à-tête, mais avec la froideur affable qui était d'étiquette entre un seigneur de sa qualité et un gentilhomme de la condition de M. de Sanghehem. Celui-ci se tira à quartier, comme il le devait, moi ayant permis à un autre de venir rompre ce tête-à-tête.

Je dis ma gratitude à cet aimable duc, qui avait été, en tout ceci, du dernier bon, et je lui détaillai quelques fleurettes qui le ravirent sans doute, car il me regarda tendrement et me baisa la main avec une sorte de chaleur :

— Voilà un heureux mortel, me dit-il à mi-voix, sans regarder toutefois M. de Sanghehem, ce qui eût été grossier pour moi, puisque cela eût été autant que dire de mettre sur l'heure flamberge au vent ; et voyez le beau scandale ! Je ne sais qui me retient, continua-t-il, de le supplier d'échanger son bonheur contre ma duché-pairie.

— Ce serait, dis-je en riant, payer bien cher tout d'un coup rien du tout.

Il m'interrogea d'un regard furtif. Je secouai la tête.

— L'heure du berger n'a pas encore sonné. Et vous le savez bien, ajoutai-je.

C'était la première fois, de mes jours, que j'étais coquette et tendre. Je voulais remercier ce galant homme en lui disant que si mon cœur eût pu s'attendrir c'eût été pour lui. Est-ce vrai ? Je ne le pense pas, et c'est pourquoi j'ai cette coquetterie sur la conscience.

A ce coup, M. de Coigny ne put se retenir de me regarder d'un air tendre, qui lui allait fort bien. Il me dit avec le sourire sérieux qui était de sa physionomie :

— Il y a un de nous deux qui est de trop céans. Voulez-vous que je le provoque. Il me suffira de lui dire qu'Henri IV est descendu de son cheval pour aller chanter pouille à M. le duc d'Orléans.

— Eh! non, je vous dis, duc, que l'heure du berger n'est pas sonnée. L'horloge même n'est pas remontée. Je crois même, ajoutai-je, en touchant ma poitrine, qu'il n'y a pas encore d'horloge.

Il me parut qu'il me regardait avec tristesse. Il me baisa de nouveau la main, et, après avoir salué M. de Sanghehem, qui se rapprocha, il s'éloigna.

Le souvenir de cette journée est resté dans mon cœur. C'est la première fois que je revoyais la nature depuis bien des années. Il me semblait même que ce n'était pas moi qui l'avais admirée jadis et que c'était dans une vie antérieure que j'avais respiré cet air frais. Je courais dans l'herbe et sur les fleurs comme un jeune chien fou. Je sentais les rayons de ce clair soleil, j'étais embaumée de ces parfums du printemps et j'aurais voulu me rouler sur ce tapis diapré de mille couleurs vives. Il faut savoir que tous mes sens étaient excités par les scènes où j'avais joué un rôle important depuis trois jours, et mon esprit s'enivrait sans effort.

Le chevalier était aimable et riant, aussi vif que moi, courant quand il me plaisait, chantant à l'écho avec moi, le tout avec une gravité de frère aîné, avec des regards clairs et doux qui ne me mettaient en nulle défiance. Avec mon instinct de sauvage, je sentais en lui un fonds d'âme dure, ironique, obstinée, amère, impitoyable, mais héroïque, chamarée de bienveillance, avec des emportements d'amour candide auxquels succédaient des méfiances et les mépris d'un misanthrope. Il y avait en lui du lion et aussi du tigre, mais surtout du dogue, doux avec sa maîtresse et féroce pour tous les autres.

Je ne sais pas bien où nous déjeunâmes. Dans quelque village perdu où je m'enivrai de lait et de pain noir. Pour M. de Sanghehem, il mangea, avec une mine déconfite à faire rire un laquais parvenu, quelque chose de coriacé qu'on lui jura être du lapin et qui lui parut être un plat de ville assiégée. Ah! la belle journée! C'est à elle que je pense quand j'essaie de me figurer le Paradis, dont on parle.

Nous revînmes vers le soir, non sans avoir rencontré plusieurs mendiants, qui étaient, j'en jurerais, quelques-unes de ces mouches que Méro posait sur moi avec un dévouement bien fait pour enrager.

J'avais demandé au chevalier comment il avait appris mon aventure, qui me paraissait devoir être ignorée encore de tout le monde. Il me parut un peu embarrassé. Peut-être me trompai-je. J'insistai.

— C'est la Providence qui l'a voulu, répondit-il avec un grave sourire.

— Mais qu'est-ce que la Providence?

— Mais c'est la puissance ou la sagesse de Dieu.

— Et alors qu'est-ce que Dieu?

— Ah! oui. J'ai entendu dire que le marquis de Sanghehem, après avoir essayé sur moi, sans grand succès, ses expériences philosophiques, les avait recommencées sur vous, de telle sorte qu'après avoir fait de moi un animal assez méchant, il fit de vous un animal perfectionné. La conduite des amis de mon père ne me donne pas grand estime pour leurs théories. Mais le diable rirait trop de m'entendre prêcher. Je crois à la Providence et qu'il faut l'aider un peu : nage toujours et t'y fie. C'est elle qui a voulu que j'apprisse de bonne heure la mort de sir Stephen. Dès lors, sachant qu'il vous harcelait, — et vous devinez si j'ai enragé de n'avoir aucun prétexte pour lui en dire mon sentiment,—je n'eus pas besoin d'avoir grande sorcellerie pour savoir que c'est vous qui l'aviez puni. J'avoue que je vous en aimai à la folie, comme vous voyez. Je vous fis espionner, et, vous sachant à Versailles, les lumières de mon génie me suggérèrent ce que vous y veniez faire. Je fis passer par un domestique de la Reine, M. Campan, qui m'a des obligations, une preuve évidente de votre désintéressement, pensant bien que cela lèverait la paille ; et je m'en fus vous attendre dans l'antichambre de Sa Majesté.

Je le regardai fixement en lui disant qu'il me

semblait qu'il passait comme chat sur braise sur bien des circonstances, et que je le gagerais, à tant par an, pour mentir, tant il y mettait d'impudence. Mais cela m'était indifférent.

Avant de le quitter je lui tendis la main, à la mode anglaise, comme on commençait à le faire, avec un abandon qui n'était ni sans grossièreté ni sans amitié, et qui ainsi me répugnait doublement, comme si j'eusse été une vieille dame de qualité. Au vrai, j'éprouvais un sentiment doux que je n'avais pas encore ressenti. Mon cœur était plein de sensibilité pure et d'une joie innocente comme au temps où ma vieille nourrice hérissée me faisait jouer avec ma chèvre. Il me semblait que j'eusse serré dans mes bras le chevalier comme un frère charmant et délicat qu'il avait été.

Il faillit me faire sauter sur pieds, quand il refusa ma main, en me disant froidement :

— Cela trop peu pour moi, et c'est également trop. Je ne veux rien de vous, jusqu'au jour où je pourrai tout avoir. Je vous aime avec passion, avec idolâtrie.

Il disait cela avec un flegme imperturbable, comme une poupée de bois qui remuerait les lèvres.

— Allons, répondis-je, vous me prenez pour une buse. Laissons-là ce badinage de jeunes éventés. J'augurais mieux de vous. Je comptais que vous ne me traiteriez pas comme une fille ordinaire, et que cette journée, où j'ai été heureuse comme un papillon, ne me laisserait aucune chiffonnerie dans la tête. Voici là-bas les Jardins, le Palais, Versailles. Nous allons rentrer dans notre existence habituelle, au milieu des paysages de toile, des sots, des impures, des mensonges et des mauvaises odeurs. Oh ! j'aurais voulu que cette journée de bergerie et de féerie n'eût aucun nuage. Je voudrais pouvoir me dire : J'ai eu, tout un jour, un ami charmant, il ne m'a pas fait payer son amitié ; et ce voyage de l'âge d'or, qui a commencé par une tasse de lait, a fini par un serrement de main.

Nous étions arrivés à l'extrémité du bois. Devant moi, c'était la campagne cultivée, au-delà je voyais la ville, c'est-à-dire la fin de la vie sauvage et les repoussantes coulisses de la Comédie. Je frappai du pied avec colère et je cherchai d'un œil distrait, autour de moi, un bâton pour l'en frapper.

Il était toujours impassible, me considérant avec une fixité qui était d'un cauchemar. Il s'assit sur un gros tronc d'arbre étendu le long de la lisière du bois et me fit gravement signe de prendre place à côté de lui. Mais je préférai de rester debout et le fixai à mon tour.

Il n'était pas beau. Il n'était pas séduisant. Il était subjuguant. On devait ou l'exécrer ou l'aimer passionnément ; et je compris à l'indifférence qu'il m'inspirait que j'étais une sorte de monstre. Je n'ai jamais vu un gentilhomme qui fût autant un homme, et je me dis que tous ces barons du temps de Charlemagne dont parlaient Messieurs de Caylus et de Tressan devaient être comme lui. Il avait une figure ronde, sans régularité, de gros traits, un menton carré, un grand nez fort, des lèvres minces, ironiques et amères, avec des dents larges et d'une blancheur saisissante, un très beau front rond, avec des tempes aiguës, une grande ride au milieu, et des yeux gris impérieux, lumineux, pénétrants, tantôt fixes et glaçants, tantôt railleurs et insultants ; avec cela, dans la prunelle, une lueur claire, ingénue comme en des yeux d'enfant, qui se changeait en rayons furieux, égarés comme en des regards de fou. Je l'avais appelé en riant : *Amadis de Gaule,* qui était un opéra de Lulli dont Berton et Laborde avaient refait la musique, en l'année même qui précéda ma naissance. Mais il m'avait répondu en secouant la tête qu'il était un Amadis de Ferney et que les philosophes amis de son père, avaient mis bon ordre à ce qu'il fût autre chose qu'un libertin. Sur ces gens-là, nous nous entendions.

Il était très grand, avec des épaules de fort de la halle ; des mains et des pieds bien faits, nerveux, et une taille d'une souplesse, d'une finesse qui saisissait avec cette carrure d'athlète.

— Ce que vous me dites me décide, — il parlait avec la même froideur. — Je devinais que vous avez toutes les plus belles qualités du monde. Mais je craignais que la sensibilité ne vous fît complètement défaut et je me tiendrais mal satisfait d'une idole insensible. Vous avez eu un moment de colère ou d'attendrissement qui me rassure. Vous avez lu les contes de la bibliothèque bleue. J'aurais voulu vivre en ce temps-là, j'y eusse été plus heureux que je ne le serai jamais même quand vous m'aimerez.

J'éclatai de rire à cette suffisance. Mais il n'y songea même pas.

— Les gens d'alors avaient une maîtresse qu'ils ne voyaient jamais ou guère, qui ne les aimait que peu et qui leur demandait la Lune, à qui ils ne demandaient rien, ou tout au plus un ruban, et, montés sur ce ruban, ils essayaient de décrocher la Lune. Cela suffisait pour qu'ils fussent heureux, braves comme des lions et fiers comme les étoiles. Il paraît qu'ils n'étaient pas astreints à une fidélité scrupuleuse, ce qui m'en plaît. Mais ils avaient toujours cette étoile qui les forçait à regarder en haut et qui les désennuyait quand ils n'avaient rien à faire qu'à la considérer ; et vous savez, Stella, s'il y a des instants inoccupés en cette sotte vie.

Je l'envisageai. Je vis qu'il était fou, et, chose singulière, il comprit ma pensée.

— Vous avez raison me dit-il d'une voix claire avec une inflexion douce qui en corrigeait la froideur, je suis fou ; vous êtes folle ; c'est pour cela que mes vœux se sont tournés vers vous. Comment voulez-vous qu'il en soit autrement et qu'il n'y ait pas en ce siècle une foule de personnages bizarres. Nous sommes entre une société qui s'en va et un monde qui vient. Nous avons des idées mi-parties, comme on dit en blazon, des idées d'autrefois cousues avec des idées de l'avenir, tout cela vague, incertain. Enfin, voulez-vous jouer avec moi le rôle d'étoile que je vous disais tout à l'heure ? Vous me donnerez un ruban de temps à autre, sans plus, et je tâcherai de décrocher la Lune, pour vous. Vous me permettrez de croire que vous pensez toujours à moi ; je ne vous en demanderai nulle preuve. Cela me forcera à tenir les regards en haut, et me désennuira, outre que j'aurai une occasion honnête d'espadonner contre beaucoup de gens : vous me désignerez les plus ennuyants des gens qui vous feront la cour.

Nous devions présenter un singulier spectacle et point déplaisant, en surplus. Je l'ai peint tel qu'il était, en résumé, saisissant à regarder. Je me tenais debout devant lui. J'ai dit que j'étais fort belle mais je n'ai sans doute pas encore suffisamment fait mon portrait, et c'est sur quoi l'on est toujours prêt à recommencer, bien qu'il faut que je devienne un peu plus grasse pour être d'une beauté miraculeuse. Mais telle que j'étais alors, il n'y avait qu'un cri pour admirer ma taille de nymphe, assez grande, avec des hanches développées comme les ont les Espagnoles. J'avais les mains plus belles que la mode, comme disait M. de Coigny, car il les fallait alors petites et grassouillettes et les miennes étaient sèches, fines et très effilées. Pour mes pieds, c'est encore lui qui jurait n'en avoir jamais vu d'aussi cambrés et élégants. Il est vrai qu'il était mal partagé là-dessus, parce que l'on disait que Mme de Châtillon, admirable d'ailleurs, avait ces choses-là à l'allemande, dont on se moquait beaucoup à la Comédie.

Mes épaules, d'une rondeur admirable, attendait un peu plus d'ampleur pour être parfaites. Un visage d'un ovale allongé, un petit nez aquilin, fier et mobile, des lèvres point fortes, mais d'une rougeur qui frappait comme si elles eussent été peintes, et qui montraient, en s'entr'ouvrant, des petites dents aiguës d'une blancheur éblouissante ; des cheveux très épais, noirs sans reflet, et que je portais assez courts à cause de mon goût pour le costume masculin, des yeux dont on disait qu'ils eussent mis Vénus plus bas que terre, d'un bleu sombre, très longs avec la forme d'une amande, un riche incarnat qui relevait le teint un peu brun des joues ; voilà Stella à 17 ans, et il faut que cela explique, avec la vivacité de mon esprit, avec les talents que l'on sait et la bizarrerie de ma vie, les nombreuses passions que j'ai fait naître.

En ce moment, j'étais frappée de ceci, que nous étions ridicules, et j'éclatai :

— Il faut, ma bonne vérité, que vous soyez, en effet, fou à lier, mon pauvre chevalier, pour vous en aller quérir des héroïnes de chevalerie à la Comédie-Italienne.

— Je n'ai pas de préjugés, me répondit-il avec le même flegme. D'ailleurs — et il me regardait plus fixement que jamais — je n'imagine pas que vous soyez telle que le disent les geais panachés de la cour, et, si j'étais le diable boiteux, vous me réserveriez, j'en jurerais, mille surprises. En surplus, je ne vous demande pas encore de m'aimer. J'ai beaucoup de sottises à faire, de coups à donner, de voyages à entreprendre, d'aventures à chercher. Il va y avoir en France, on peut le gager, un joli tumulte. J'ai besoin de toute mon indépendance. Il me suffit de vous aimer à la folie, de penser toujours à vous, de veiller de loin sur vous, en attendant le moment venu d'être votre époux, et d'être aimé par vous aussi passionnément que je vous aime.

— Diantre, Chevalier, répondis-je, en reprenant mon sérieux, c'est que je n'ai pas encore commencé du tout. Il y a aussi à cela beaucoup à dire. D'abord je ne veux pas être protégée et j'y suffis, comme vous savez. Puis il faudrait aller jusqu'au bout du monde pour trouver un endroit où la belle renommée de Stella ne soit pas parvenue et où son époux ne soit pas ridicule. Mais je vais vous dire le fin du fin, c'est que si jamais j'adore quelqu'un, ce ne sera pas un homme féroce comme vous. Je ne suis pas colombe, mais de la race des aigles, et c'est un pigeon qu'il faudra à mes tendresses.

— On dit que la chair du pigeon porte au sommeil, Stella, et vous n'êtes pas faite pour dormir.

Il sourit. C'était pour la première fois, et son sourire était charmant. Nous reprîmes notre promenade vers la ville, marchant silencieusement l'un à côté de l'autre.

Il me plaisait, je crois, plus que je ne disais, et je ne devais jamais oublier ce jour-là. Mais j'avais le mépris de l'amour, qui me semblait humiliant, vilain, je veux dire dégoûtant. Je n'imaginais pas qu'on pût y trouver autre chose que l'esclavage, et je ne voulais pas que l'esclavage vînt sur moi, mais sur l'autre, ainsi que je l'avais signifié au chevalier avec mon pigeon. Et aussi je pensais à mon sylphe.

Quand nous fûmes arrivés dans cette partie du

jardin hanté par les mirliflores et les bayeuses, il me tira à quartier vers les coins où il n'était pas de mode de se montrer. Je me laissai faire, ne voulant regagner Paris qu'à la nuit fermée. Il continuait de marcher, comme s'il eût oublié que je fusse là, réfléchissant, rêvant, souriant à une image que je savais être la mienne, et je me disais, étant alors fort sotte en tout cela, que c'était s'alambiquer l'esprit de regarder mon fantôme quand il me pouvait considérer en ma jolie personne.

— Pendant la guerre d'Amérique, dit-il enfin, comme s'il continuait son rêve, j'avais un soir appuyé une chasse à quelques pauvres diables de Hessois, si bien que la nuit me prit au milieu d'une de ces forêts qu'on appelle vierges, et une nuit si noire que vos yeux mêmes ne l'eussent pas illuminée. J'étais en piteuse posture, d'autant que pour n'être pas battu et étranglé par les grosses branches, et mon pauvre cheval ne voulant plus aller, j'avais dû mettre pied à terre. Je m'avançais, choppant, glissant, tombant, déchiré, blessé, en lambeaux, sans parler des cris de bêtes féroces et des mille bruits menaçants qui m'environnaient et ne me donnaient pas envie de me coucher. Je ne pouvais non plus songer à grimper aux arbres, ne voulant pas abandonner mon bon cheval, qui eût été dévoré. Nous nous étions battus toute la journée, j'avais 16 ans, et il y avait longtemps que je n'avais mangé. J'étais tombé à plusieurs fois, comme anéanti. Il m'avait fallu grande volonté pour me relever et reprendre ma course. Course, je dis mal, c'est marcher, c'est ramper qu'il faut entendre, me traînant comme un vieillard ou même comme un moribond. Je comprenais que je montais une montagne très haute, et cela à travers les halliers, les épines, les lianes. Je me disais : J'irai jusqu'en haut, mais pas plus loin. Là je tomberai évanoui, autant dire mort. J'avançais comme une machine, la tête bourdonnant comme si tout le sang de mes veines voulait sortir de mes tempes. Je n'espérais plus rien, je ne pensais à rien, sinon à arriver là-haut pour y tomber mort, s'il le fallait, pour m'y reposer, quand je devrais m'asseoir au milieu d'un nid de serpents ou entre les griffes d'un ours. J'en vins jusqu'à marcher à quatre pattes.

— C'était d'un digne fils du marquis de Sanghehem, chevalier, et ce que ce berné de Palissot nommait un exercice philosophique.

Il n'écoutait pas mes railleries, assez sottes.

— Enfin j'arrivai. Le ciel était toujours noir, mais j'étais bien en haut. Il n'y avait pas d'arbres au-dessus de ceux que je touchais. Je tombai. Je me relevai aussitôt, comme si j'eusse frotté le baquet de Mesmer. Savez-vous ce qui était arrivé?

— Sans aucun doute, M. de Caylus avait envoyé là une des Fées de la Bibliothèque Bleue, qui se mit exactement à votre disposition et jeta les hauts cris parce que s'attendant à vous entendre réclamer un baiser, vous lui demandâtes un hochepot.

— Vous avez rencontré merveilleusement juste. Seulement cette fée, c'était une petite lumière située au loin, fort loin, en haut d'une montagne séparée de la mienne par des vallées et des défilés. Eh bien! savez-vous ce qui arriva? Je ne sentis plus la fatigue et je partis au plus leste. Je traînai mon cheval, qui n'avait pas vu la lumière et qui se fatiguait de plus en plus. Moi je la revoyais de temps à autre et cela me suffisait. J'arrivai enfin auprès du foyer d'où partait la lumière, après avoir fait, sans sentir de lassitude, le double du chemin qui m'avait anéanti, avant que j'eusse aperçu la petite flamme. Et savez-vous encore ce que je trouvai à côté de ce foyer?

— Vous n'en sauriez douter! Une vieille indienne graisseuse et chassieuse qu'il vous fallut épouser par reconnaissance, et toute la parenté de la belle qui vous mit nu comme une couleuvre après vous avoir comblé de nazardes.

— Vous m'épouvantez, dit-il en souriant légèrement. Le foyer était abandonné. Il brûlait seul et allait s'éteindre. Je le rallumai, je me couchai à côté et je me réveillai le lendemain...

— Perclus de rhumatismes, avec des scorpions dans vos chausses et un serpent en guise de cravate.

Il s'arrêta et me prit la main avec un geste si respectueux que je me laissai faire. Il me dit avec sa belle voix sonore, qui était grave et joyeuse en ce moment :

— Qu'importe ce qu'on trouve à côté de la flamme, Stella. C'est la flamme qu'on cherche, et elle suffit. C'est elle qui réconforte et qui guide, qui appelle et qui aide à monter. Quoique vous fassiez et ne le voulussiez-vous pas, c'est vous qui êtes la flamme, ma flamme. C'est à cette lumière que je marcherai désormais.

— N'oubliez pas que le foyer était vide, n'oubliez pas les scorpions et le serpent, chevalier, et que c'est vous qui avez eu à fournir le bois et le soufflet. Moyennant cela, je vous permettrai de venir un jour voir comment le feu marche.

— Et quand cela s'il vous plaît?

— Mais... dans... six ans, par exemple. J'ai 17 ans, et un proverbe de mon pays, qui est peut-être contemporain de Cléôpâtre, dit que c'est à 23 ans que le cœur de la femme mue et perd son égoïsme.

— Bon, dit-il tranquillement. C'est cela. J'aurai eu le temps de faire mes caravanes, et vous, de vous exercer à la pratique des proverbes. Nous serons en bonne posture pour nous apprécier jusqu'à la fin de nos jours.

— A merveille, chevalier. Au moins si vous trouvez le foyer froid, vous pouvez gager que vous n'y rencontrerez pas une vieille indienne graisseuse.

Il ne me répondit pas. L'affaire était pour lui conclue et entendue, comme eût dit Me Quatremère. Il n'y avait rien à ajouter. Il se mit au train ordinaire du cailletage de coulisses, tout en me conduisant jusqu'au coche.

Le cocher me demanda le prix de ma place, qui était d'une livre et cinq sols, et je lui donnai un louis de pourboire, d'où il laissa tomber son chapeau de surprise, et il se mit à chanter, ce qu'aucun Français de la basse classe ne manquait jamais de faire pour témoigner sa satisfaction. Aussi la France d'alors résonnait-elle de chansons. Toutefois, une année auparavant, le cocher n'eût pas osé chanter, le coche de Versailles ayant un petit reflet de la dignité et de la gravité qui caractérisaient tout ce qui tournait à la personne du roi. Mais c'était un signe de la Révolution. Du moins c'est ce que m'expliqua un vieux chevalier de saint-Louis auprès de qui je me trouvais ; car, de mon estoc, j'étais fort ignorante des mœurs des voitures publiques, que nous étions de trop grandes dames pour hanter. Il y avait justement quinze personnes qui me parurent, sauf mon chevalier, de petite compagnie, mais polies, ne parlant point haut et se saluant à chaque mouvement et à chaque parole.

Je ne remarquai aucune figure d'argousin, mais bien une de ces mouches enragées que Mero posait sur moi et dont la face jaune et les yeux cruellement noirs ne me quittèrent pas, remplis d'une admiration dévote pendant tout le temps du voyage. L'on s'arrêta et nous déposa au quai d'Orsay, d'où je gagnai mon logis, sans encombre et après avoir gracieusé d'un doux sourire mon basque, qui en tomba en pamoison.

Il n'était rien arrivé en dehors de l'ordinaire, je veux dire en dehors des présents, des bouquets, des vers, des lettres et des propositions les plus saugrenues. Pas un mot qui fit allusion à mes exploits. Mais il vint plus tard une lettre dont je veux parler maintenant pour n'avoir pas à revenir sur sir Stephen. Cette lettre était en langue française :

« Vous avez assassiné mon frère, et vous avez bien fait. J'eusse fait comme vous, mon épouse également et aussi toutes les jeunes filles que j'ai interrogées sur le cas, sauf une dont on est obligé de couper la nourriture tant elle a peur des couteaux. Je ne veux donc pas vous blâmer, vous avez pour vous l'approbation générale, car une jeune fille qui ne peut pas couper son pain elle-même ne peut avoir la prétention de représenter le beau sexe. Aussi, si l'on vous eût prise et pendue, je ne me fusse pas plaint, parce que mon frère était en effet un homme brutal ; j'avais moi-même échappé à grand'peine à ses coups, et la jeune fille qui a peur des couteaux n'y avait pas échappé, ce qui rend son témoignage encore moins valable. Mais cet assassinat sans vengeance est une insulte à mon nom et à mon pays. Je vengerai donc mon nom et mon pays. Je ne sais quand ni comment mais probablement en trahison, car il n'est pas acceptable que j'aille vous provoquer. Je trouverais agréable et juste également de mettre à exécution l'idée que sir Stephen a eue de vous épouser, et, dans ce cas, au lieu de vous faire assassiner, je vous épouserais, ce qui satisferait l'honneur de mon nom et et de mon pays. Malheureusement je suis marié, à une respectable lady, contre laquelle je plaide pour le divorce, et j'ai aussi beaucoup d'embarras avec la jeune fille qui n'aime pas les couteaux et qui intente une action en dommages à la mémoire de sir Stephen et à sa succession.

« John Hendricq, le domestique auquel vous avez fait peur, et qui est venu me raconter l'affaire qui m'a fait rire aux larmes, a laissé sur le champ de bataille un couteau de chasse à nos armes. Il en est honteux. Il vous ordonne de le lui renvoyer, sans quoi vous aurez affaire à lui comme à moi.

« Votre très obéissant admirateur et ennemi mortel,

« EDWARD BOMBUFFY ELLIS.

« P. S. Mon épouse donnerait la moitié de sa fortune pour avoir le couteau dont vous vous êtes si bien servie contre sir Stephen qui l'a un jour embrassée brusquement. Mais je vous prie de ne pas le lui vendre jusqu'à ce que le divorce ait lieu. »

Je lui répondis en langue anglaise, que je parle bien et que j'écris fort drôlement.

« Je n'ai pas assassiné sir Stephen, je l'ai corrigé avec un poignard. Vous avez l'impertinence de me menacer. Cela est du pis que vous puissiez faire, car c'est moi qui vous corrigerai. Au premier ennui que j'ai, je passe le détroit et je vais vous tirer les oreilles avec un bâton. Ainsi, si vous croyez en Dieu, priez-le pour qu'on me laisse bien en paix.

« Du reste, toute votre conduite est d'un sot. Vous vous plaignez que je vous aie donné un titre et une fortune en vous débarrassant d'un brutal qui vous voulait tuer. C'est raisonner comme un tonneau. Que fussiez-vous devenu si j'eusse épousé votre frère et que j'eusse eu beaucoup d'enfants, ce qui arrive toujours dans un ménage où l'on se déteste? Ainsi je suis sûr que vous avez une nombreuse famille.

« Vous êtes un sot et un insolent. Débarrassez-vous de votre épouse, épousez la jeune fille qui n'aime pas les couteaux, et soignez bien vos oreilles. Je m'y intéresse. Je les ai promises à mon domestique pour lui servir de cocarde. »

Il paraît que cette épître le mit en une rage qui faillit lui enlever le souffle. On m'a dit que quand il fut guéri, la Terreur l'empêcha de venir en France et qu'il attend un peu de tranquillité politique pour déboucher ici avec un pistolet d'une main et un contrat de mariage de l'autre. J'en suis là.

Il ne faut pas s'étonner de voir qu'on parlât d'épouser une comédienne. Il paraît qu'en Angleterre elles sont plus décentes que nous n'étions et qu'elles ont pour l'autel de l'hyménée la passion qui distingue ce peuple.

En France, nous étions toujours méprisés, à ce point que les plus fiers de notre profession invoquaient un arrêt du roi Louis XIII, déclarant que la *bassesse de notre profession* ne saurait autoriser les gens à en tirer des conséquences pour juger de notre vie intime. Ce mépris ne passa point, et quand, après la prise de la Bastille, tous les badauds de Paris se précipitèrent dans des défroques militaires et qu'on nomma des comédiens officiers de la garde nationale, cela fit hurler le tocsin même aux patriotes. J'entends encore le malin dadais de Prudhomme tancer vertement les sections à ce sujet : il nous appelait des *personnages scéniques*, et il disait que, Roscius n'ayant pas été consul, les comédiens ne devaient pas être officiers de la milice.

C'est de cette façon qu'on savatait le pauvre sens commun, et ces phrases-là avaient grand succès.

Toutefois l'épousaille des filles de la Comédie commençait à gagner du terrain, à ce point qu'on ne comprenait pas que M. de Lauraguais, un vilain sale gentilhomme, d'un esprit vif qui n'était que de la folie à bride abattue, n'épousait pas Sophie Arnould. On se rappelle Guimard et son jeune bourgeois. Il y en a cent autres, et surtout cette belle et bonne mais point vestale Lolotte Gaucher qui épousa le vieux lieutenant général que l'on sait, d'où elle eut de si beaux enfants et duquel mariage elle resta si triste. En effet, malgré sa bonne conduite d'épouse, elle était lourdement reçue dans la bonne compagnie.

Mais, tout en méprisant, on épousait ; car la philosophie avait rendu ce siècle fou à lier et ce fut un bon moment que choisit la Révolution pour le châtier.

C'est après mon aventure avec mon insulaire que je me rencoignai dans la solitude, et voici comment :

L'affaire de sir Stephen avait tourné de telle sorte que le bon gros public malin sut, à n'en pouvoir douter, que ce gentilhomme s'était pris de querelle avec ses domestiques, dont il avait tué l'un et dont l'autre l'avait tué, se sauvant, après cela, en Angleterre.

Pour mon cocher, on le rattrapa et on le rangea, à petit bruit, dans quelque cul de basse fosse. On l'avait enfermé comme complice de rapt. Il sortit comme une victime de la tyrannie, en même temps que ce malin fou de Le Prévôt de Beaumont. Il devint administrateur de police, sous la République, chargé de la surveillance des prisons, où il me protégea, n'étant pas mauvais homme et n'ayant jamais pu résister à sa sensibilité, qui le portait à faire plaisir à son prochain moyennant 25 louis.

Mais les entours de la Reine n'avaient pas été si discrets que le vrai de l'affaire ne s'ébruitât, si bien que je repris de plus belle d'être à la mode. Mais il y avait, comme on sait, guerre déclarée entre Trianon et le Palais-Royal. Quand on y sut que la Reine m'avait protégée, tous les mirliflores, qui y disputaient au Parlement le gouvernement de Paris et au Roi celui de la France, décidèrent, bien que je fusse d'une manière très honnête avec eux, de venir musiquer mes rôles et me juguler de sifflets. Moi je dis bon à cette annonce. J'étais résolue à laisser ces petits-maîtres s'époulmonner jusqu'à en perdre haleine puis à m'avancer sur le bord de la scène et raconter au parterre comme les choses s'étaient passées. Je suis sûre qu'on m'eût portée en triomphe et que j'eusse pu demander et avoir la place de M. Necker, je dis dans l'idolâtrie du peuple français; car, pour les finances, je n'y prétendais pas. Mais la Reine ne le voulut pas.

On sait que si l'opéra était sous l'autorité du ministre de Paris, les autres théâtres sous celle du lieutenant de police, le Théâtre-Français et nous étions dans le gouvernement des gentilshommes de la Chambre. Sa Majesté voulut donc bien me faire dire par M. le duc de Fleury, qui venait d'être nommé l'un deux, qu'elle prétendait que je n'eusse pas d'ennui et que je prisse un congé de six mois.

Cette intention de Sa Majesté me toucha. Je me rangeai à l'obéissance, quoique je n'en eusse pas l'habitude, ni jusqu'ici la volonté.

J'en fus bien récompensée. Pour prix de ce bon sentiment, je goûtai, pendant les deux mois de mai et de juin de l'année 1789, — et cela justement à l'heure où tout le monde était fou pour les cahiers, les élections, la réunion des Etats généraux, — la douceur de la vie.

Je ne sais si les mortels qui ont eu une mère, une enfance ordinaire, peuvent me comprendre. Moi, je n'avais jamais été qu'une machine entre les mains des philosophes, j'avais été non pas élevée, choyée, caressée, mais armée comme pour un combat — le combat de la vie, comme ils disaient. — Jusqu'à cet âge de 17 ans, j'ignorais ce que c'est que vivre dans la paix, dans l'insouciance, et savourer les petites joies qui arrivent au jour le jour.

J'étais retournée au foyer de la Comédie. Mais, malgré les précautions, comme je l'ai dit, et bien que l'agitation des affaires politiques eût vite détourné l'attention de mon aventure, toutefois il en était venu quelque chose jusqu'à la rue Favart. Pour tâter le terrain, l'on me jetait sournoisement chat aux jambes, par des allusions et des railleries couvertes. J'étais obligée de faire bonne mine à mauvais jeu, ayant promis, pour ne pas attirer de nouvelles calomnies contre la cour, de ne point reconnaître ouvertement *mon crime*. Mais l'hypocrisie, comme on sait, n'est pas de mon bail. Il n'y avait pas jusqu'à l'aimable et gentille Renaud qui ne me jasât.

Je cessai donc, pendant plusieurs semaines, d'aller à la Comédie, et me mis à fréquenter les autres théâtres, comme une bourgeoise, et j'en dirai quelque chose ici encore, pour la dernière fois peut-être, car il me paraît que j'ai vu des choses plus intéressantes. Il me faut reprendre à nouveau l'année 1788, car il y eut cette année là un changement dans les grimaces de Thalie.

Nos muguets assurèrent que le théâtre tirait à quelque chose de bas et de populaire qui ne se pouvait définir, qu'on nommait l'esprit de la livrée, les pièces faites pour la livrée. C'est Rivarol qui assurait un jour devant moi qu' « Apollon avait changé ses bijoux pour de la clincaillerie. » Il est vrai que le langage et les pensées nous paraissaient à tous plus lourds et plus plat-pied qu'ils n'étaient auparavant. On s'occupait plus du peuple, et c'était bien. Mais pourquoi fallait-il que les muses missent des sabots et cessassent de se laver les mains? Tout, même les belles-lettres, tournait à l'utilité et au bourgeois. C'était la Révolution qui envoyait ses premiers parfums.

Les *Etourdis ou le mort supposé* furent à cheval sur les années 87 et 88. Nous les jouâmes à Versailles le 14 décembre 1787 et à Paris le 14 janvier suivant. On dissimula le nom de l'auteur.

Je puis dire qu'il se nommait *Andrieux*. Celui-ci n'avait voulu se montrer qu'à demi, étant alors avocat et voulant faire sa carrière dans le barreau, où Thalie était une chienne de recommandation pour Messieurs du Parlement. Pour dévoiler le fin du fin, il avait pris méchamment parti dans l'affaire du Collier, et avait même signé un mémoire pour l'un des accusés ; il craignait que son nom fût une mauvaise recommandation quand on jouerait sa pièce devant la Reine. En quoi il se trompait. Sa Majesté applaudit la prose, bien que n'ignorant pas que l'auteur avait défendu vivement l'*abbé Mulot*.

On n'a pas oublié le succès de *Sargines*, et me revoilà en 1789. Mais voilà surtout que, sous ombre que j'ai pris le théâtre en grippe, je n'en déparle pas. Je ne dirai plus rien, sauf pour parler d'une représentation qui fut une merveille et le dernier mot de l'art comique. Il s'agit des *Châteaux en Espagne* de *Colin d'Harleville*, excellente pièce sans doute, mais bien inférieure aux acteurs qui la jouèrent et à la façon dont elle fut jouée. C'est cela qui fut la merveille. On l'a donnée au

Théâtre-Français. Le rôle de *d'Orfeuil* fut rempli par *Vanhove et Gerard*, celui de *Victor* par *du Gazon* et *Dazincourt*, Mme *Petit* était *Henriette* ; *Fleuri* jouait *Florville*, *Molé*, *d'Orlanges;* Mlle *Joli*, *Justine*. *La Rochelle* et *Marchand* faisaient les laquais. Oui, c'était un spectacle admirable, une troupe comme on n'en verra jamais, les exquis de la profession. Quand je les voyais jouer, je reprenais mon ardeur et je me promettais de dépasser encore ces merveilles. Mais mille incidents ou ennuis me rejetaient dans le dégoût, dans la paresse et vers une activité plus grande.

Qu'on ne me parle donc plus de Thalie et de Melpomène d'ici à quelque temps. Voici que je vais me lancer avec la fureur que l'on me connaît, dans les affaires et le tumulte de la Révolution.

Mais avant cela, il faut, si l'on me trouve d'assez aimable compagnie pour passer deux mois en tête à tête avec moi, que l'on vienne, à ma suite, cultiver Pomone et Vertumme et la blonde Cerès, qui était absolument verte à ce moment-là, les Dryades, les Sylvains et toutes les déesses bocagères, notamment la déesse des Fleurs.

Je demeurai les mois de mai et de juin de cette année 1789, presque entièrement à la campagne. Ce fut, jusque-là, la seule époque heureuse de ma vie.

La journée que j'avais passée dans les bois des environs de Versailles m'avait révélé la nature et mise en goût d'une plus intime amitié avec elle. De plus, je fis une nouvelle connaissance : je connus la France, la nation française, dont je ne soupçonnai même pas l'existence.

Je partis avec Méro et Médor, qui était alors une jeune folle et n'avait pas la gravité qu'elle a d'une mère de famille très hargneuse. Nous voyagions à cheval ou en voiture, mais toujours à l'aventure, tout droit devant soi, passant un jour, deux jours, une semaine dans la ville, le village, le hameau qui me plaisait. On m'y prenait pour une folle. Mais, comme les paysans étaient alors polis et respectueux, comme j'étais généreuse et hardie, garnie, en surplus, d'un fort bon passeport de M. de Crosne, — et mon entrevue avec lui qui savait tout, trois jours après la mésaventure de sir Stephen, fut à mettre en un

Lutrin, — il ne m'arriva rien de ces accidents ennuyants qui gâtent tout. Méro n'était pas heureux. Il était inquiet, n'ayant pas sous la main, comme à Paris, son armée mystérieuse d'artisans de tout métier.

Je lui avais défendu, sous peine de ne plus m'accompagner, de faire paraître à chaque carrefour un marchand de paniers, un montreur de chiens savants, une voiture de saltimbanques, qui eussent mis les paysans en émoi, et Stella sans liberté.

Il me traitait comme une pupille falote, mais il n'osait me désobéir ouvertement. Ainsi, je lui eusse demandé un couteau pour me tuer, il me l'eût donné, mais si je l'eusse averti un peu d'avance, il eût mis le feu à l'univers en intention de détruire jusqu'aux enfants à la mamelle de la race des couteaux.

Je passai ces deux mois dans une véritable ivresse, l'ivresse de l'air printannier, du soleil frais, des jeunes feuilles, de la liberté ; dans la joie des courses vagabondes, des accidents de route, de la solitude, de la santé vigoureuse, des réveils matinals, des aurores éblouissantes, de la rêverie aussi. C'est la première fois que je me sentis songeuse. Ah! que je compris bien et pour la première fois ce vers du Bonhomme :

> Chacun songe en veillant, il n'est rien de plus doux.

C'est alors également, pour la première fois, que j'entrai dans une église. Je la vois encore, au milieu d'un cimetière constellé de reines-marguerites, avec un vieil arbre immense qui ombrageait le porche, une maison d'école au coin du cimetière, des enfants dont on entendait les chants par les fenêtres ouvertes, un vieux mendiant assis auprès d'une croix qui me regardait avec fierté, une femme qui pleurait agenouillée sur une tombe fraîchement remuée et deux petits enfants barbouillés de beurre, qui joignaient leurs petites mains sales, en regardant leur mère avec une surprise touchante. Tout à coup l'un des petits poussa une clameur désespérée. Il s'était assis sur un chardon. La mère se leva, lui donna un soufflet, s'essuya les yeux, et partit en tricotant un bas. J'entrai donc dans l'église en traversant une pluie d'or que les rayons d'un soleil brûlant versaient à travers les feuilles du grand arbre. Je trouvai l'église bouffonne, les oripeaux fanés, les couleurs criardes, les statues monstrueuses avec des joues peintes d'un vermillon qui enluminait les saintes comme au sortir du cabaret. Il y en avait une surtout qui portait des tenailles aussi hautes qu'elle, pour montrer qu'elle guérissait miraculeusement le mal de dents.

Le lendemain était jour de je ne sais quelle fête. Je vis les paysans et les paysannes s'en allant à la messe. Par ce beau ciel de mai, je les rencontrai, en procession, chantant, priant, les jeunes échangeant des œillades entre deux cantiques. Je me dis que cette religion n'était pas oppressive. Je les vis non seulement plus gais, mais plus propres, plus ouverts de physionomie qu'en temps ordinaire. Je me dis encore que j'étais une sotte d'en vouloir à ces pauvres gens de n'être pas aussi luxueux, dans leurs églises, que peut l'être le roi de France ; que ces oripeaux étaient ce qu'ils avaient pu avoir de plus riche, de plus beau ; que ces femmes étaient luisantes de propreté, et qu'il y avait dans ces processions des reflets de vêtements blancs agréables à l'œil et à l'imagination.

Je vis, plus tard, que ces dévôts n'étaient pas des histrions jouant un rôle; qu'ils étaient graves; qu'ils désiraient quelque chose et qu'ils le demandaient à quelqu'un de qui ils étaient sûrs qu'ils le pouvaient obtenir, et qu'aux moments où ils pensaient à cet Être, les jeunes filles étaient meilleures, les femmes pieuses, les hommes sincères.

Dès là, je me dis que si ces gens agissaient ainsi, se promenaient en chantant, s'agenouillaient en priant, se réunissaient devant ces souvenirs ou symboles, c'est qu'ils y trouvaient utilité ou plaisir. Comme je ne suis point sotte (ainsi que je l'ai dit et le redirai, y trouvant quelque agrément), je poursuivis ma pointe en ces profondeurs *métaphysiques*. Je me dis donc que, sûrement, ce plaisir et cette utilité tenaient, comme toutes les autres satisfactions, comme l'amour, comme la gourmandise, le gain, la poésie, l'égoïsme, l'ambition, à un instinct essentiel de la nature humaine. Il est en effet, évident que si ce plaisir ou cette utilité n'eussent pas répondu à une aspiration réelle et fondamentale, ces êtres se fussent aperçus depuis longtemps que ce plaisir était nul et cette utilité vaine, et qu'il était saugrenu de s'agenouiller plus longtemps pour l'unique plaisir d'user ses culottes.

Voilà de quoi barbouiller le museau de tous les athées et un argument dont je suis fière, y ayant toujours vu les philosophes s'y revirer comme une mouche dans la mélasse.

Ce fut ainsi, à la suite de ces aventures et observations, que je me trouvai toute changée; et un beau jour, sans que je l'eusse voulu ou cherché, sans que je me fusse même douté du travail qui se faisait en moi, j'y trouvai, répandu dans tout mon être, à la source de toutes mes pensées, à l'entrée de toutes mes imaginations, la conviction qu'il y a un Être suprême menant tout. Cela circula dans mon esprit comme le sang dans mes veines. Cette croyance était si claire qu'il me parut que je l'avais toujours eue, et elle allait si bien à tout, elle s'arrangeait si bien avec toutes les idées humaines, avec tous les instincts qui étaient en moi, qu'il semblait que ce fussent de vieux amis d'enfance, qui ne s'étaient jamais quittés.

Toutefois je ne me rendis pas. Ce fut l'unique fois que je manquai de sincérité. Je me remis à lire les livres dont on avait imposé, dès l'enfance, le goût à ma pauvre petite cervelle sans défense, les Maillet, les Boulanger, les Dupuis, les Helvetius, les Diderot et les autres docteurs en athéïsme. Mais je n'y trouvai plus le même plaisir. Cela me parut d'abord sec, puis, çà et là, sot, et enfin sonnant fort creux. Je vis que ces gens-là étaient en fureur et cherchaient à faire sortir leur talent, tout en dissimulant leur rage du mieux possible. Ce n'étaient pas des gens ayant trouvé une vérité et l'exposant parce qu'ils en étaient convaincus. C'étaient des gens qui se battaient contre d'autres, par fantaisie, par ambition, par envie ou colère, pour déloger leurs adversaires et prendre leur place.

Le grand bruit qui ne tarda pas à se faire en France ne me permit pas de goûter plus longtemps l'ivresse paisible que je rencontrai dans les champs. Il me fallut revenir à ma vilaine vie et donner dans ma trompette du vent qui soufflait.

Je n'avais pas en sentiment de me remettre sitôt sur la scène. La pièce qui se jouait alors publiquement et qui m'intéressait était plus curieuse que toutes les ariettes dont la Comédie-Italienne était assourdie. Choderlos de Laclos me faisait vivement la cour. J'en riais à belles dents, et lui disais qu'on ne pouvait avoir avec lui que des *liaisons dangereuses*. Il ne désespérait pas, et un peu par passion agacée, un peu par politique et pour faire de moi un instrument qu'il jugeait propre à rendre de grands services à la Révolution, il me dévolait bien des secrets. Son habileté politique, qui résistait à tout, ne résistait pas à la vanité blessée par mes dédains souriants. Après souper surtout, il ne savait pas cacher qu'il était un puissant personnage ; et au vrai c'est lui qui, à cette époque, menait tout le mouvement révolutionnaire, et le duc d'Orléans n'était dans sa main qu'un instrument. Car, bien qu'il fût Grand-Maître de la franc-maçonnerie, on ne lui disait pas les pires des secrets ; on ne lui dévoilait pas les derniers desseins ; et avec une faiblesse où il y avait de l'étourderie, il se laissait piller et mener par une foule d'intrigants à la tête desquels on voyait Danton et Camille Desmoulins qui vivaient à ses dépens.

Au commencement de juillet 1789, c'est Laclos qui tenait tous les fils et j'ai su de lui une chose que personne d'autre n'a jamais apprise et que je veux bien confier à la postérité.

Il s'agit de cette Bastille à quoi personne n'a jamais rien compris, et, au risque que l'on se moque de moi avec mes godelureaux de Fils de la Veuve, je dirai que c'est là le pot aux roses. Ethis de Corny, l'abbé Le Fèvre, Moreau de Saint-Merri et les autres gros bourgeois-électeurs qui menaient la danse, étaient des affiliés de la maçonnerie, ce dernier surtout qui avait, comme ils disent en leur patois coqcigru, le plus fort salaire. Le 14 juillet, quand ils virent que les portes de la Bastille ne s'ouvraient pas comme ils pensaient, grâce aux 32 Suisses qui y avaient été envoyés la veille, ils envoyèrent Thuriot de la Rozière, qui était aussi du troupaillon maçonnique et électeur du quartier de la Bastille, demander l'entrée de la forteresse. Ce fut uniquement pour rappeler à M. Jourdan de Launay qu'il était franc-maçon et lui porter l'ordre de livrer le château. Ce fut alors que le gouverneur, mal en point entre l'honneur militaire et le serment d'obéissance maçonnique qui n'admettait ni excuse ni hésitation sous peine de mort, se voulut tuer, et finalement, après que les Suisses, vaillants et fidèles, eussent tiré quelques coups de fusil, se rendit. Mais ces coups de fusil étaient de trop, et c'est pour les expier que, par un sicaire du conseil suprême, M. de Launay fut assassiné, à quoi la populace prit goût et coupa encore quelques têtes pour se faire la main.

J'étais sur la place de Grève. Ce que j'observai ce jour-là ne me fit pas prendre en gré la Révolution. Les journées du 5 et du 6 octobre m'achevèrent.

J'en connus tous les dessous, étant encore fort bien avec le Palais-Royal, où Laclos regardait ma passion pour la Reine comme une folie de comédienne qui s'en allait disparaître. Je savais d'ailleurs par Mero tout ce qui se passait dans la canaille parisienne dont il s'était fait un des chefs. Je connaissais ce qui se passait à la cour et dans le parti des *aristocrates-révolutionnaires*, par ce qui nous en venait dans nos coulisses. Enfin on sait comme je porte les travestissements, et, étant aussi aisément un jeune gentilhomme qu'un jeune bazochien, et une grisette à bavolet et une fille du Palais-Royal qu'une femme de condition, je pus, de mon estoc, me faufiler partout. Je dirai seulement de ce 6 octobre que bien en prit à la Reine que j'eusse ouvert mes yeux de bohémienne quand Elle voulut bien me recevoir dans son appartement. Ce fut moi, (et cela fut connu de tout l'univers), qui, me rappelant le passage dérobé par où j'avais été introduite par Mme Thibaut, m'y jetai le 6 octobre, au matin, tandis que la canaille assiégeait la porte de l'antichambre, défendue par les braves gardes du corps. Je me précipitai sur le lit où la Reine dormait encore. Je la réveillai ; tandis que Mme Thibaut, tête perdue, cherchait la robe que l'étiquette commandait, je lui offris ses jupes qu'elle passa en toute hâte et enfila le passage secret qu'on nommait le Passage du roi, dont la porte se refermait justement au moment où la canaille forçait l'antichambre et se précipitait, le poignard levé, sur le lit de Sa Majesté. Comme j'étais vêtue en petite grisette de la rue Saint-Denis et qu'il y avait parmi cette canaille bien des gens de Mero — et ce n'étaient pas eux qui voulaient assassiner la Reine, je les eusse étranglés, — je ne courus aucun danger. J'en fus récompensée, au contraire, et je garde parmi mes bijoux précieux ce billet :

« Je veux reconnaître, Mademoiselle, que « vous m'avez sauvé la vie. C'est un souvenir « que vous pouvez rappeler si jamais vous en « avez besoin.

« MARIE-ANTOINETTE. »

Ce que je vis ce jour-là rabattit tout à fait les

quelques fumées amoureuses que j'avais pour la Révolution. Jusque-là, je voulais croire que c'était, comme chacun le disait, le régalement des voies de la société, j'entends le nivellement des choses trop bossues dans le monde, le partage plus équitable des coups de pied et des blancs-mangers. Cela quadrait bien avec mes sentiments, car je ne trouvais pas juste qu'il y eût des gens créés et mis au monde uniquement pour couvrir de diamants Adeline, Lescot et toutes les Adeline et toutes les Lescot de la cave au grenier, tandis que d'autres gens semblent être mis ici-bas comme Pierrot et Cassandre, de Gherardi, pour recevoir les claques et le bois-vert. Ce jour-là du 6 octobre, j'entrevis, ce qui parut évident plus tard, que la Révolution avait pour but de mettre les vilains à la place des grands, dont il y avait beaucoup qui étaient de respectables sires, tandis que les vilains étaient toujours des vilains.

C'est ainsi que la Révolution devint ma bête, et il ne fallait plus m'en parler sans me faire hérisser les plumes.

Pendant les trois années qui suivirent, j'abandonnai peu à peu le théâtre et tout entièrement la Comédie-Italienne, me contentant de débuter de ci de là et de ne jamais pousser ma pointe au-delà de ces débuts, pour conserver ma liberté.

Je me lançai, à la chaude colle, dans la politique. Tout en gardant avec mes allures éventées la même austérité de vertu intérieure, tout en prenant aisément le caractère apparent des sociétés que je hantais, je restais vive, tout en folie, sans autre principe que de faire ce qui me passait par l'imagination. Car j'avais éloigné, comme on chasse une guêpe harcelante, les pensées plus graves qui m'étaient venues pendant ma solitude champêtre, comme j'ai dit. Je voulais bien croire que Dieu existait, mais il me semblait que c'était son affaire et non la mienne, je veux dire à lui de me prouver sa présence et non à moi de la chercher, et ne m'en inquiétais pas. Je m'acoquinai à ces aimables chenapans de royalistes, qui, en compagnie du brave et joyeux Mirabeau-Tonneau, de l'insolent Champcenetz, et de l'amer Suleau, firent une si amusante guerre aux bêtes puantes de la Révolution, je dis aux hommes et aux femmes, à Marat et à Brissot, comme à Théroigne et à Mme de Condorcet. Je m'acoquinai donc à ces enragés plaisantins pour rédiger les *Actes des Apôtres*.

En 1791, le roi, qui fut certainement l'agent le plus actif de la Révolution, ordonna que les *Actes des Apôtres* cessassent de paraître, suivant le système qu'il avait montré, le 6 octobre, en commandant aux gardes-du-corps de se laisser tuer sans se servir de leurs épées, système qui consistait uniquement à désarmer les amis pour ne pas exaspérer les adversaires, à chasser les gardes-chasse pour ne pas agacer les loups. Je m'en fus trouver *Gautier* et son *Journal de la Cour*.

Je regrettai bien nos réunions chez Beauvilliers, au Palais-Royal. Car si la partie sérieuse des *Actes* était faite à tête reposée par Bergasse et Montlosier, le reste se composait en dînant ou en soupant. Je regrettai surtout M. de Mirabeau et Champcenetz. Pour Rivarol et M. de Lauraguais, on sait que je les méprisais. Je n'avais pas une plus grande estime pour Peltier, le véritable directeur du journal. Il était sincèrement dévoué à la monarchie, il exécrait courageusement les révolutionnaires, il était loin d'être sot ; mais il y avait toujours du marchand en lui et il tenait à l'or d'une façon un peu trop tendre.

Ce fut à la fin de 1790 que mon sylphe m'avait donné pour une dernière fois de ses nouvelles.

Je faisais, tout occupée que j'étais à ma politiquerie, l'école buissonnière au théâtre ou plutôt j'étais une actrice buissonnière, allant de ci de là, quand les gazettes m'ennuyaient. Je veux bien confesser d'ailleurs ce qui m'éloignait de la scène comme des coulisses, c'est que les révolutionnaires, ayant fait l'expérience de la bonté du Roi, ne voyaient plus d'obstacles à la victoire que dans la fermeté de la Reine. Ils avaient éprouvé à plusieurs reprises qu'ils ne l'effrayeraient pas. Ne pouvant donc lui faire perdre le sens, ils décidèrent de lui faire perdre l'honneur. Le mot en fut donné, et en dehors des pamphlets qui se mirent à courir les rues (comme les rats, la nuit dans les égoûts), les théâtres furent inondés de pièces où Marie-Antoinette était traitée comme la plus corrompue de toutes les courtisanes connues jusqu'à ce jour. Ces pièces on ne les joua pas publiquement, mais elles étaient le sujet de la conversation ; on les imprima et on les joua dans les sociétés. Je ne décolérais pas ; je tombais dans la tristesse ; ma santé en était gripaillée et surtout j'éprouvais cette singulière impression d'être gênée comme si je fusse salie sans pouvoir parvenir à me laver.

Il y eut aussi en cette année 1790, au théâtre, une grande poussée contre l'Ancien Régime, et l'aventure de Calas notamment fut à la mode. Chénier, Laya et Le Mierre d'Argie, avaient chacun une pièce là-dessus. Ce dernier qui était le moins connu, l'avait donnée aux Variétés du Palais-Royal. Il savait que Laya avait donné la sienne au théâtre de la Nation et qu'elle serait représentée en même temps. En effet, l'une, celle des Variétés, fut représentée le 17 décembre, et celle de la Nation le lendemain. Il voulut donc, en m'ayant, donner du relief à son œuvre, et comme il était galant homme, pas plus patriote qu'il ne le fallait alors pour pouvoir mettre le nez dehors, je consentis à jouer dans sa pièce. J'y eus tout le succès possible. C'est le lendemain de la première représentation que je reçus un billet tout pétri de grâces :

« Je sais maintenant, mademoiselle, que je vous aimerai toujours. J'en ai pris mon parti. J'ai essayé de lutter contre cet amour qui étend un voile de deuil sur ma vie. J'ai voulu me marier ; l'on m'avait choisi une épouse digne de l'idolâtrie d'un immortel. Mais je n'ai pu l'aimer. Je me suis condamné au célibat. Il me semble que je suis veuf de vous et que je suis né pour porter votre deuil. Ma vénérable mère et mes aimables sœurs pensent que je suis fou. Peut-être ont-elles raison. Mais en tout ce qui ne vous regarde pas, j'ai conservé mon esprit et ma dignité et mon courage. Même contre vous j'en ai, et, tout en aimant mieux mourir que de vous oublier, je préfère également le silence de la tombe au déshonneur de vous épouser. Vous le voyez, voici bien des mois que je ne vous ai écrit. Pourtant je suis tenté de le faire à chaque heure du jour et de la nuit. Toutefois je résiste courageusement et noblement, mais hypocritement, en me disant : demain ; j'écrirai demain. Enfin j'ai tenu bon jusqu'ici. Ah ! pourquoi ai-je eu la faiblesse d'aller vous entendre ! Mais comment résister à vous voir jouer dans *Calas!* Et vous y avez été si noble, si charmante, si chaste ! Vous y étiez telle que je vous trouve au fond, tout au fond de mon cœur, quand j'oublie ce que vous êtes pour me figurer ce que vous devriez être. Oui, vous avez été sublime autant qu'adorable. C'est dans cette pièce, dans cette pièce de *Calas* — mon Dieu que vous êtes cruel pour moi ! — que vous vous êtes surpassée. Oui, Seigneur, vous êtes cruel de m'avoir donné un cœur fier, une âme délicate, et pure autant que sensible, et d'avoir soumis ce cœur fier, cette âme délicate à l'amour d'une femme avilie, et avilie avec toutes les apparences de la noblesse, de la pureté, de la grandeur.

« J'ai passé toute cette nuit dans le désespoir, dans les larmes, dans les prières ! Cette mère vénérable et ces aimables sœurs, dont je vous ai parlé, qui vous connaissent et qui vous maudissent, priaient à côté de moi, versant elles aussi des larmes de désespoir en voyant ma douleur et ma folie! Il m'a encore fallu céder à la lâche faiblesse de vous écrire. Calas! Calas! Pourquoi vous ai-je été voir! Mais cette fois c'est fini! Avant un an, je ne chercherai ni à vous voir ni à vous écrire. Au bout d'un an j'espère que je pourrai renouveler mon serment. Adieu! adieu! Seigneur qu'ai-je fait pour aimer à l'idolâtrie une femme indigne! »

Eh! bien, quoiqu'il y eût là des traits qui prêtent à rire, je fus sensiblement touchée. Si j'avais vu alors cet inconnu, je lui eusse tendu les bras en lui criant que je ne suis pas indigne de son amour.

Ce fut bien la dernière fois que j'entendis parler de lui! Mais je lus et relus mille fois cette lettre. J'en pesai chaque mot, et j'en vins à y rencontrer les dix-sept merveilles de l'amour, si bien que le trait lancé de cette main inconnue s'enfonça, comme on le dit des flèches bardelées des sauvages, par un mouvement lent et irrésistible, jusqu'au plus profond de mon cœur. J'en vins donc à l'aimer avec une tendresse si pure, si continue, en rêve et en idée, qu'il me sembla que, pour la première fois, je comprenais la poésie; et je me pris d'un goût extrême pour les êtres dont Carline parlait quelquefois et dont j'avais ri jusque-là et qu'on appelle des anges.

C'est ainsi que mon cœur et mon esprit, en se fortifiant et en s'améliorant, et surtout en prenant l'expérience de la vie, chassaient peu à peu les ténèbres que mes maîtres les philosophes et les rêveurs maçonniques avaient amoncelées dans ma jeune intelligence. J'arrivais jusqu'aux frontières de la vérité, mais sans les dépasser. J'avais eu l'*intuition* de l'honnêteté, puis de la divinité, puis de la dignité de la vie chrétienne, je comprenais la poésie et l'idéal. Mais j'en restais toujours là. Je rassemblais tous les affiquets de la vérité et j'en couvrais mon corsage comme de joyaux dont je comprenais vaguement le prix. Etant dans l'obscurité, ces bijoux ne brillaient pas. Il fallait un rayon de soleil pour donner la lumière à ces pierres précieuses et en tirer mille feux. La nuit était encore bien profonde, et le soleil bien éloigné.

Mais chacune de ces expériences et surtout la pensée de mon sylphe, qui s'étendit de plus en plus dans mon âme, fortifièrent en moi l'honneur et l'instinct de la vertu avec un plus vif sentiment de dignité. Cette fois, ma vertu était définitivement sauvée.

C'est là dessus que je fais mes révérences à la compagnie et que je prends congé d'elle, jusqu'à ce que le goût me vienne d'achever cette confession. Ma bonne vérité! on devrait m'en prier, dût-on se mettre à genoux, car, au vrai, il est bien difficile de savoir ce qui se passa à Paris, de l'année 1791 à l'année 1795, si je ne montre les dessous des plus grands évènements.

Peut-on vivre en paix de son esprit sans savoir ce qui se passait à Paris en ce temps-là? Je ne le crois pas, car il n'y a jamais rien eu, dans l'univers, d'aussi émouvant que cette chronique là, quand c'est, on m'entend bien, Stella qui raconte. Il y a d'ailleurs de quoi satisfaire tous les goûts. Peut-être aussi voudra-t-on savoir ce que sont devenues bien des personnes que j'ai laissées suspendues entre ciel et terre. C'est d'abord moi-même qui me suis fait, sans doute, quelques bons amis par mon dégoût pour les vilaines et les vilains ; le chevalier de Sanghehem qui me veut épouser ; mon Syplhe à qui je veux donner mon cœur, M. de Coigny qui avait eu la fausse renommée de le posséder ; le Roi que je faillis sauver ; la Reine pour qui je faillis mourir ; mon bossu qui n'est pas mort et que je m'en vais marier ; Mero et Camera qui vont devenir des personnages ; toute une troupe de malandrins qui se trouvera pendant la Révolution les quatre pieds dans l'auge ; un gentilhomme capucin-cocher de fiacre dont j'ai touché un mot, et bien des héros et héroïnes, Valère, Pierrot, Colombine et Cassandre et autres, que les évènements vont me jeter aux jambes.

Si l'on désire le savoir, moi étant bien priée, je le dirai peut-être. Mais ce sera de ma grâce, car me voici prête à jurer que je ne dois plus rien au lecteur. J'ai achevé ce que je voulais.

Comment on avait voulu faire de Stella *une fille de la nature* en même temps qu'une fille de qualité et une fille de la comédie ; comment à l'aide de beaucoup d'aventures la *fille de la Nature* devina Dieu, la vertu et l'amour qu'on lui avait cachés, n'est-ce pas bien ce que j'ai voulu montrer. Ce n'est pas encore parfait, mais c'est fait.

J'avais promis mes souvenirs de jeunesse et de théâtre pendant l'Ancien Régime. La jeunesse est finie, voilà que j'ai 18 ans. J'ai à peu près remplacé les intrigues du théâtre par les conspirations politiques. L'Ancien Régime a fui. Je fais donc comme lui. Je m'en vais changer de costume pour revenir habillée en..... mais j'en veux laisser la surprise à ceux qui seront enragés pour me lire encore.

FIN DES SOUVENIRS DE JEUNESSE.

Imprimerie de l'Ouest, A. NÉZAN, Mayenne.

www.ingramcontent.com/pod-product-compliance
Lightning Source LLC
LaVergne TN
LVHW012329060726
842524LV00017B/488